Elogios para P

Una elección de US

"Deslumbrante . . . Olivarez e
momentos a través de un sensitivo e introspectivo narrador que tiene que aprender duras lecciones en las calles de Calumet City. . . . Los lectores bilingües disfrutarán darle vuelta al libro para ver cómo el prisma de cada poema cambia de tono a la luz de otro idioma". —***Booklist*** (reseña destacada)

"*Promesas de oro* es una excepcional celebración bilingüe de la vida y lo mundano. . . . Aunque está inspirado por las distintas experiencias de Olivarez como inmigrante de segunda generación, *Promesas de oro* expresa temas de esperanza, sueños, familia y amistad que pueden aplicarse a cualquiera, independientemente de sus orígenes".

—***The Harvard Crimson***

"Lo mejor de leer la obra de Olivarez es que su lenguaje es cordial con el lector. Es uno de los pocos poetas que usan un lenguaje accesible, y todos, independientemente de su formación académica, puede disfrutar de sus poemas".

—Newcity Lit

"Los detalles basados en el mundo cotidiano captan una gran satisfacción. . . . La voz sensible y profunda del poeta permite que estos emotivos poemas exploren satisfactoriamente las fuerzas que actúan en el amor dentro de un mundo complejo, así como la inquebrantable promesa de la comprensión y la pertenencia". —***Publishers Weekly*** (reseña destacada)

"Salido de Calumet City, con un peso de alrededor de 160 más *Promesas de oro*, tanto en inglés como en español, el que es poliamoroso con sus tortillas, el magistralmente juguetón, el excepcionalmente imaginativo, el que le apuesta todo lo que tiene a su gente, el único e inigualable, José Olivarez, el indiscutible campeón mexican. La cifra que se extiende entre dólares y dolores, esta segunda colección por excelencia ha puesto a Olivarez a la vanguardia de no sólo de las poéticas de primera generación, sino de toda la poesía. Esta va por nosotros, aquellos que esconden tijeras de jardinero en sus poemas".

—**Javier Zamora**, autor de *Solito*, una memoria bestseller del *New York Times*

"La verdad es: técnicamente, no entiendo la poesía. Nunca lo he hecho. Me pierdo de todo lo que hay en ella. Es un lenguaje que no puedo procesar. Y para mí, de todas maneras, eso es lo que hace especial a José. Porque cuando él escribe poesía, no necesito entenderla—al menos, no en el sentido tradicional—porque la SIENTO. Siento sus palabras debajo de mis dedos como terciopelo".

—**Shea Serrano**, autor bestseller de *Hip-Hop (And Other Things)*

"Visceral y emotivo".

—**Kate Baer**, autora de *What Kind of Woman*, un bestseller #1 del *New York Times*

"*Promesas de oro* es una sincera e hilarante serie de odas a las grandes y pequeñas alegrías de la vida. Es también una batalla de rap y una réplica a todas esas instituciones productoras de muerte bajo las que vivimos en todos los niveles. . . . Esta es una colección que deleita en la sensibilidad de cada tipo de amor, del familiar al de compas, del culinario al romántico. Pero también es un libro que es duro con los colonizadores, con los billonarios crueles y la explotación capitalista. Este libro brilla como el oro que nos metió en todo este desastre colonial".

—**Nate Marshall**, autor de *Finna*

"Este libro nos empuja a pensar más allá del amor como lo hemos conocido, ese amor exageradamente romántico y siempre alegre que nos han vendido durante generaciones. En su lugar, nos muestra un mapa sobre cómo amar en el fin del mundo, en el aislamiento, en el miedo, cuando nuestras espaldas están contra la pared. Y, aun así, Olivarez elije amar, tener esperanza, soñar".

—**Fatimah Asghar,** autora de *When We Were Sisters*

PROMESAS DE ORO

También de José Olivarez

Citizen Illegal

PROMESAS DE ORO

JOSÉ OLIVAREZ

Traducción del inglés de

DAVID RUANO GONZÁLEZ

A Holt Paperback
Henry Holt and Company
Nueva York

Holt Paperbacks
Henry Holt and Company
Editores desde 1866
120 Broadway
Nueva York, Nueva York 10271
www.henryholt.com

A Holt Paperback® y Ⓗ® son marcas registradas de
Macmillan Publishing Group, LLC.

Distribuido en Canadá por Raincoast Book Distribution Limited

La Biblioteca del Congreso de los Estados Unidos ha
catalogado así la edición de tapa dura:

Names: Olivarez, José, author. | Ruano González, David, translator. | Olivarez, José. Promises of gold. | Olivarez, José. Promises of gold. Spanish.
Title: Promises of gold = Promesas de oro / José Olivarez ; traducción del inglés de David Ruano González.
Other titles: Promesas de oro
Description: First edition. | New York : Henry Holt and Company, 2023. | Poetry collection in English and translation into Spanish, bound tête-bêche.
Identifiers: LCCN 2022047763 (print) | LCCN 2022047764 (ebook) | ISBN 9781250878496 (hardcover) | ISBN 9781250878489 (ebook)
Subjects: LCSH: Olivarez, José—Translations into Spanish. | LCGFT: Poetry.
Classification: LCC PS3615.L576 P7618 2023 (print) |
LCC PS3615.L576 (ebook) | DDC 811/.6—dc23/eng/20221003
LC record available at https://lccn.loc.gov/2022047763
LC ebook record available at https://lccn.loc.gov/2022047764

ISBN 9781250878472 (libro de tapa blanda)

Nuestros libros pueden ser adquiridos al por mayor con fines promocionales, educativos o de negocios. Por favor, póngase en contacto con la librería más cercana a su domicilio o con el Departamento de Ventas Prémium y Corporativas de Macmillan al (800) 221-7945, extension 5442, o escriba a la dirección electrónica MacmillanSpecialMarkets@macmillan.com.

Publicado originalmente de tapa dura en 2023 por Henry Holt and Company

Primera edición de Holt Paperbacks: 2024

Diseño: Meryl Sussman Levavi

Impreso en los Estados Unidos de América

1 3 5 7 9 10 8 6 4 2

Para mis hermanos. Para Erika.

I was raised on rap music
I'ma need some healing

—Big Pooh

Yo sé perder
Yo sé perder

—Vicente Fernández

ÍNDICE

III. ORO

IV. INTRADUCIBLE

VII. DIOS

VIII. ANTES DE QUE EL LUNES LLEGUE COMO UN PUÑO

IX. GLORIA

X. GLORIA

XI. GLORIA

NOTA DEL AUTOR

A pesar de mis mejores esfuerzos, soy quien soy. Estoy aprendiendo a aceptarlo. Cuando empecé a escribir este libro, estaba obsesionado con la idea de la amistad. Me di cuenta de que mucha de mi atención & la atención de mis amigos estaba puesta en lo romántico. ¿Cuántas malas parejas han inspirado poemas? ¿Cuántos crushes? Sin faltarle el respeto al amor romántico. Soy mexicano, no hay algo que ame más que un buen chisme. Pero ¿qué hay de los amigos? Aquellos compas que aparecen cuando se acaba el romance & te ayudan a sanar tu corazón. Esos compas que están ahí todo el tiempo, animándonos & recordándonos que el amor es abundante. Soñé con escribir un libro de poemas de amor para todos esos compas.

Pero como soy quien soy & vivimos en el mundo en el que vivimos, escribí este libro en su lugar.

Promesas de oro es lo que escribes cuando tratas de escribir un libro de amor para los compas en medio de una pandemia global que ha dejado al descubierto todas las *otras* pandemias que hemos estado viviendo durante toda nuestra vida. El capitalismo es una pandemia. El estado policial es una pandemia. El colonialismo es una pandemia. La masculinidad tóxica es una pandemia. Escribí este libro mientras vivía a ochocientas millas de mi familia. El tiempo que estuvimos separados, tanto mi mamá como mi papá se contagiaron de coronavirus. Pensé que nunca los volvería a ver con vida. Esos miedos animan esta colección tanto como el amor.

Ojalá les hubiera escrito un simple libro de poemas de amor. Ojalá sanar fuera tan fácil como poner una curita sobre una herida & ver cómo cierra. Si escribiera ese libro, estaría ignorando todas las contradicciones & el desorden del mundo en el que vivimos, todas las formas en las que el amor se va complicando por fuerzas más grandes que nuestros corazones. Elijo traer a estos poemas el mundo & su caos.

& como soy quien soy, intenté una & otra vez hacer de estos poemas un reflejo del mundo en el que quiero vivir. Qué tanto éxito o fracaso tengo, eso te lo dejo a ti. No tengo las respuestas para el machismo. Sé que todavía tengo que aprender & desaprender algunas cosas sobre cómo me saboteo. No tengo las respuestas sobre cómo derrocar al capitalismo. No conozco las mejores formas de luchar contra el legado del colonialismo. Hay heridas familiares a las que siempre seré propenso. *Promesas de oro* está escrito para replicar la lucha del amor, el aprendizaje & el crecimiento. No es una lucha lineal.

Promesas de oro se divide en once secciones. Estas secciones tienen la intención de replicar ondas. Este no es un programa de doce pasos para superar tu masculinidad tóxica & la masculinidad tóxica de tu padre. Estas no son las siete etapas del duelo. Cada ola es un intento de sortear el duelo & lo maravillosa que es la vida moderna. Como tú, sigo lidiando con preguntas que tal vez nunca pueda resolver. Los poemas en cada ola están ligados temáticamente o por imagen. Algunas olas se elevan hacia la redención. Otras van hacia atrás. Algunas de esas secciones llevan los títulos de "Oro" ("Gold"),

"Dios" ("God") & "Gloria" ("Glory"); aquellos de ustedes que estudian historia recordarán que el oro, dios & la gloria fueron el ímpetu para la colonización española de la América Latina actual. Aquí, trato de usar una infraestructura colonial para practicar la reparación del daño colonial. ¿Qué es el oro para nosotros? ¿Qué es sagrado para nosotros? ¿Dónde encontramos la gloria?

El libro se llama ***Promesas de oro*** porque una promesa es un intento. Una promesa hecha no es siempre una promesa cumplida. *Promesas de oro* también hace eco del sueño americano, & espero insinúe algo de la pérdida en los poemas.

Mi esperanza es que mis intentos por escribir hacia una sanación & el amor puedan resonar con tus propios intentos. Que puedan llevarte a hacerte tus propias preguntas. No confío en las respuestas. Demasiadas respuestas intentan ser definitivas en un mundo cambiante. Sé que es más importante avanzar hacia la justicia que quedarse decididamente en cualquier respuesta que nos haga sentir bien. Eduardo Galeano escribió: "La utopía está en el horizonte. Camino dos pasos, ella se aleja dos pasos y el horizonte se corre diez pasos más allá. ¿Entonces para qué sirve la utopía? Para eso, sirve para caminar".

Ofrezco estos pasos a los ancestros que caminaron antes que yo & a aquellos que caminarán después.

CON CARIÑO,

JOSÉ

NOTA DEL TRADUCTOR

Conocí personalmente a José Olivarez en su primera visita a México en marzo de 2019, cuando fue un invitado estelar del Lit & Luz Festival, de MAKE Literary Productions, evento para el que empecé a trabajar ese mismo año. Para la realización de las distintas actividades del festival, José me envió un conjunto de poemas que leería durante su estancia en la Ciudad de México y los traduje al español. El primer poema de esa selección fue "Mexican American Disambiguation", de su primer libro *Citizen Illegal*, el cual dice lo siguiente:

> my parents are Mexican who are not
> to be confused with Mexicans still living
> in México. those Mexicans call themselves
> mexicanos.

Si una traducción es llevar las palabras de una lengua hacia otra, la lógica nos dice que cada vez que José Olivarez menciona la palabra "Mexicans", mi tarea como traductor es escribir "mexicanos". Sin embargo, al final de este fragmento esa misma palabra aparece en español, apelando a juego entre idiomas, por lo que una traducción que dijera "Aquellos mexicanos se llaman a sí mismos / mexicanos" perdería todo sentido. Una solución sería poner en cursivas la última palabra y agregar una nota al pie de página que dijera "en español en el original", solución que no fue de mi agrado porque interrumpe el ritmo de la lectura y se pierde el juego lingüístico.

Al pensar en otras posibles soluciones, y después de leer en repetidas ocasiones el poema, vi que el mismo autor era quien me daba la respuesta: los mexicanos que viven en México son *mexicanos*, los mexicanos que viven en Estados Unidos son *mexicans*. Por lo que la traducción quedó de la siguiente manera:

> mis padres son mexicans, que no deben
> ser confundidos con los mexicanos que todavía viven
> en México. ellos se llaman a sí mismos
> mexicanos.

Una de las dolencias de cualquier migrante es que su vida está destinada a estar marcada por las diferencias. En el poema, José Olivarez habla de que incluso entre mexicanos nos gusta marcar esa diferencia, entre los que viven *aquí* y los que viven *allá*. De acuerdo con el poema, los padres de José Olivarez perdieron el derecho de ser llamados mexicanos por el simple acto de migrar. En la tradición bíblica, Abram se convirtió en Abraham tras hacer un pacto con Dios y ganó una letra *h* en medio de su nombre. En el caso de la familia Olivarez, y de otras tantas, el pacto con la tierra natal se rompió y, por lo mismo, perdieron una letra *o* en su gentilicio: al momento de llegar a Chicago se convirtieron en mexicans.

Ahora, al tener la oportunidad de traducir los poemas de este, su nuevo libro, la decisión de traducción que tomé en 2019 se reafirma, pues en su poema "Oda a las tortillas", José dice:

there's two ways to be a Mexican writer that are true
& tested. you can write about migration
or you can write about migration.
(can you be a Mexican writer if you never migrated?
if your family never migrated?)

Que en mi traducción dice así:

hay dos maneras de ser un escritor mexican que son verdaderas
& comprobadas. puedes escribir sobre migración
o puedes escribir sobre migración.
(¿puedes ser un escritor mexican si nunca migraste?
¿si tu familia nunca migró?)

Las vivencias relatadas por José Olivarez en su obra poética, vistas desde mi posición de mexicano que vive en México, son las vivencias de un mexican, no de un mexicano. Definitivamente, hay mucha literatura producida en México que aborda el tema de la migración, sobre todo en estados fronterizos, pero no es algo que caracterice a todos los escritores mexicanos. En cambio, la migración sí es un tema que caracteriza a la literatura producida por mexicans.

Si bien la diferencia es el inicio de la segregación, lo "políticamente correcto" nos diría que dicha segregación debe detenerse en algún momento, y que el momento indicado siempre es el ahora. Pero la diferencia existe. Sólo existe aquello que se nombra, y aquello que existe y no se nombra, que se esconde y no se ve, espera el momento indicado para salir y hacer daño. Este pacto roto con la tierra natal, con la tierra de los padres, que se ve simbolizado en la ausencia de una letra *o* en el gentilicio, es una pérdida que duele. Antes de "detener" (por no decir "esconder") este dolor, hay que hacerlo presente a través de la palabra, para después poder superarlo. "Poetry is not therapy" ("La poesía no es terapia"), dice José Olivarez, "but that doesn't mean i didn't try it" ("pero eso no significa que no lo intentara").

Eso no quiere decir que no haya coincidencias entre mexicans y mexicanos. De hecho, esta decisión ni siquiera es definitiva, pues no está presente en el primer poema del libro, "Tradición", ni en "El Canelo Álvarez es el campeón", "Lo más" y "Ars Poetica". En ocasiones, la frontera entre uno y otro es muy difusa. Incluso creo que hay más similitudes que diferencias, y esto es algo que también debemos nombrar. El propio poeta menciona una en su "Nota del autor", es decir, el chisme. También, cuando José Olivarez escribe sobre su madre, parece que estoy leyendo muchas veces una descripción de la mía; cuando escribe sobre la dificultad de su padre para expresar sus sentimientos y emociones, parece que estoy leyendo sobre el mío. También siento a José Olivarez en su lucha contra el clasismo, en sus cuestionamientos hacia Dios y la falta de dinero durante la infancia, la amistad, etcétera.

Un dicho común entre traductores es "Traducción es traición"; yo también agregaría que traducción es decisión. Esta nota del traductor es un breve comentario a ciertas decisiones que tomé para ser lo más fiel posible a las intenciones de José Olivarez y al español con el que me comunico diariamente.

Cuando él dice algo relacionado con la palabra ***fuck***, para mí la palabra ***chingar*** y sus derivados son el equivalente, y no el peninsular ***joder***; su ***homie*** es mi ***compa***; su ***dude*** es mi ***güey***. Y esto es lo que encontrarás en esta traducción: las experiencias de un mexican de Chicago vertidas al español de un mexicano que vive en México.

Por ese motivo, también me gustaría explicar en esta nota otra decisión, una decisión política. En el poema "American Tragedy", he traducido el título como "Tragedia estadounidense", y cada vez que aparece la palabra ***America*** como equivalente a un país (a excepción de "American dream" porque "sueño americano" es una frase lexicalizada en el español) he decidido traducirlo como ***Estados Unidos***. ¿Por qué? Porque América es un continente, no un país. El territorio que comprende América va desde el noroeste de Canadá hasta la Patagonia. De México hacia abajo no somos solamente Latinoamérica. Necesito decirlo para que sean conscientes de que se está omitiendo a millones de personas y miles de kilómetros de territorio, incontables culturas y lenguas. América es más que Estados Unidos. Este tipo de reduccionismos, en muchas ocasiones, desemboca en opresiones; por ejemplo, "Make America Great Again" es un grito de supremacía blanca que busca anular a quien no cumpla con ciertos estándares, incluso si esa gente no vive en Estados Unidos. Pero no por ello vamos a condenar a José Olivarez por utilizar esa palabra en determinado sentido, pues él atina a decir que "America is toxic".

Por último, necesito ser agradecido. Quiero agradecer infinitamente a José Olivarez por haberme invitado a traducir este libro maravilloso, así como a todo el equipo de Henry Holt and Company, del cual he recibido apoyo. Agradezco los consejos de

Robin Myers, Kit Schluter y Julia Sanches. Hago una mención especial a mi familia. Y tambien necesito reconocer a Sarah Dodson, una persona que se ha esforzado por crear puentes culturales entre Estados Unidos y México, a través del Lit & Luz Festival; y esta traducción también es resultado de su trabajo.

DAVID RUANO GONZÁLEZ

I

CUENTOS POPULARES

Tradición

las historias dicen que los mexicanos surgieron de la tierra
igual que los tallos del maíz. por supuesto, no éramos
mexicanos todavía. aquello que éramos estaba perdido
—no, no perdido. sumergido bajo el imperio.
teñido por la sangre & la pólvora. cree lo que quieras.
tal vez sí surgimos de la tierra. tal vez el agave
es nuestro hermano. tal vez las montañas nuestra madre.
la tradición más vieja que conozco es ver
a mi papá apostarle dinero a boxeadores mexicanos
sin importarle las probabilidades. yo no sé ustedes,
pero yo soy hijo de la pérdida & heredero de las pérdidas.
aunque no me estoy quejando. conozco la tradición:
le apuesto todo lo que tengo a mi gente
& reto al universo a que nos venza.

Mi gente para mí es folk

no hablaba con fluidez sobre esta pertenencia. mi gente
vino del suroeste de Mississippi & Alabama.
cuando mis compañeros de clase dijeron folk, pensé que se
referían
a los parientes, del tipo que mis padres dejaron atrás, así que
yo podía dejarlos a ellos
para ir a la escuela. ¿todos los parientes son una especie de
éxodo? pregúntale a Moisés.
el corazón tiene una respuesta diferente a la de la historia.
estábamos en Cal City. los únicos tenedores que tirábamos
venían
durante las peleas de comida. incluso así se sentía bien
pertenecer
a algo más que una familia. extender la familia más allá de la
casa.
les decía qué ooonda mi folk a todos incluso a los maestros.
tal vez podríamos redefinir la palabra pariente. estoy
diciendo
que me confundí cuando Darius me atrajo con fuerza
mientras nos saludábamos chocándolas & dijo "no soy Folk,
sino Moe". ¿por qué Moe?
Darius era mi compa. se sentaba frente a mí en Física.
las chocábamos al inicio de la clase & una más antes de
irnos. *

* En palabras de José Olivarez, este es un poema del Chicago profundo. En Chicago hay dos pandillas, los Gangster Disciples, quienes se refieren a sí mismos como "Folks", y los Black P. Stones, quienes se llaman entre ellos "Moe". Los Folks, para identificarse, hacen una seña con la mano parecida a un ***fork***, es decir, un tenedor. Lo que el autor nos quiere decir en este poema es que usaba la palabra ***folk*** indistintamente, sin siquiera saber que se estaba reconociendo como parte de una pandilla, hasta su encuentro con Darius, quien se identificaba como Moe, su aparente rival.

Poema de amor que inicia con un taxi amarillo

para Erika

te pregunto qué es la primera cosa en la que piensas
cuando ves el color amarillo & como una real
neoyorquina, dices que un taxi amarillo. no la luz del sol
o una cinta amarilla atada alrededor de un jarrón con
    begonias frescas.
taxis amarillos tocando la bocina en Broadway. todavía
    recuerdo
la noche que compartimos por primera vez un taxi.
    susurraste
miel, susurraste encaje, susurraste crisantemo.
toda esa práctica & resulta que nunca había viajado
en un taxi de la manera correcta. a nuestro alrededor las
    luces de la calle se desdibujaban
en cintas amarillas, & cuando pusiste tu mano
en mi pierna fue como si supiera por primera vez
por qué dios nos hizo con piernas, por qué dios nos hizo con
    manos.
tal vez dios inventó el amarillo para los taxis,
así que la primera vez que nos tocamos de esa forma
podría acentuarse en oro.

Riqueza

a la manera de Lucille Clifton

riqueza. no me hables de riqueza.
cuando entré a Harvard mis chavos bromeaban

que iba para cortar el zacate. me reí hasta que
conocí a mis compañeros de cuarto & me ofrecieron

una escoba. si les aceptara la escoba & les quitara de golpe
las telarañas de su cabeza, ¿crees que

lo olvidaría? ahora hago poemas en idiomas
que ellos no pueden registrar. me sientes. en cada poema

escondo tijeras de jardinero. invitaciones a banquetes & ellos
todavía no escriben bien mi nombre. disculpas. cuando ellos
dicen

josé, las únicas personas que volteamos somos yo
& los conserjes. cocineros. camareros. sí, gente que es parte
del paisaje.

josé the poet & josé el jardinero: cada uno de nosotros
mordiéndose
la lengua. tratando que la belleza crezca. del suelo

que cubre los huesos. apenas. bajo la superficie.

II

OJALÁ OJALÁ OJALÁ

Oda a las tortillas

hay dos maneras de ser un escritor mexican
que he descubierto hasta ahora.

puedes ser el escritor mexican que escribe sobre tortillas
o puedes ser el escritor mexican que escribe sobre croissants
en lugar de las tortillas que tiene en su plato.

(¿puedes ser un escritor mexican si eres alérgico al maíz?)

hay dos maneras de ser un escritor mexican que son
verdaderas
& comprobadas. puedes escribir sobre migración
o puedes escribir sobre migración.
(¿puedes ser un escritor mexican si nunca migraste?
¿si tu familia nunca migró?)

hay dos maneras de ser un escritor mexican. puedes traducir
del español. o puedes traducir al español.
o puedes negarte por completo a traducir.

hay sólo una herida en la imaginación del escritor mexican
& es la herida de la chancla. es la herida de la birria
que se acabó en el camión de los tacos. es la herida
de tantos dolores & no suficientes dólares. se puede
argumentar
que todos estos son chanclazos. incluso la muerte es un
chanclazo.

hay sólo un milagro entregado a los mexicans
& es el milagro de nunca quedarse sin cerveza barata.
es el milagro de nunca quedarse sin chistes malos.

hay infinitas formas de comer una tortilla:
hechas a mano como se hacía antes
& calentadas en un comal. hechas con maíz
o con plástico de taco bell. (¿qué hay de las tortillas de harina?)
las tortillas de harina cuentan si las piden en San Antonio.
mi gente soy poliamoroso con las tortillas.
puedes comer tortillas con tus manos o enrollarlas
& sopearlas en un caldo como lo hace mi mamá.
puedes comerlas con tenedor & cuchillo
como lo hacen mis primos los muy muy. (¿qué primos los muy muy?)
(me los inventé para los propósitos de este poema)
puedes comer tortillas en tacos o calentarlas
en microondas & untarles mantequilla. tortillas
con arroz. tortillas con frijoles. tortillas volteadas a mano
o tortillas volteadas con una espátula. tortillas con huevos para desayunar.
tortillas fritas & con azúcar espolvoreada como postre. tortillas duras
para tacos gringos. tortillas sin gluten para nuestra familia mixta. seguimos
descubriendo nuevas formas de doblar una tortilla. de cortar una tortilla.
de transformar una tortilla en nuevos mundos. de alimentarnos unos a otros
con tortillas. mi gente: si tengo hijos, voy a enseñarles
sobre tortillas, aunque seguramente van a querer ir a McDonald's.

Nation of Domination

mi mamá me abraza & quiere que me quede. tengo mi pie
en el pedal. una falsa cadena de oro en mi cuello. confieso
soy un menso. nunca quiero que los magos revelen sus
 secretos.
quiero vivir en lo desconocido donde todo es posible.
mi mamá baila conmigo Los Bukis. ella piensa que esto me
 hace
todavía su bebé. la perspectiva es un truco de magia. le
 apliqué a mi hermano
el Rock Bottom de The Rock & apuesto que puedes adivinar
 lo que estoy omitiendo.
pregúntale a Farooq si necesitas una pista. el cerebro está
 lleno de magia
que no entiendo. nadie se compromete sin aventarse. en la
 lucha libre,
hay un equipo de escritores que decide quién gana & quién
 pierde.
la metáfora es obvia. mi mamá no nació para interpretar el
 rol
de mamá. no me importa con cuántas muñecas haya jugado.
bailo con mi mamá Los Bukis & eres un tonto
si tú crees que es a su hijo a lo que está tratando de aferrarse.

En el sueño

mi mamá se quita una máscara & revela otra máscara.
quehaceres. sermones de la radio católica. *Sábado Gigante.*
cada máscara revela menos. quién es mi mamá cuando
no está chismeando eso es una oración entre ella
& alguien más. tal vez sus hermanas la han visto
bailar con una escoba o saltar rocas en un lago. tal vez
en otro país, mi mamá se acuesta para tomar el sol
con un cigarro. le pido de nuevo que me diga qué es lo que ama.
no hablamos el mismo idioma. incluso cuando hablamos español.
uno de nosotros cree que el amor es una obligación. la obligación de ser
responsable & pagar impuestos. uno de nosotros cree que los católicos malinterpretaron
las lecciones de Jesús. el amor como sacrificio. uno de nosotros no puede dejar
de pensar en María. ese era su bebé. debajo de una
máscara hay otra. como con un luchador nunca voy a conocer
a la persona que usa la máscara de mamá.

Bulls vs. Suns, 1993

para mi papá

sentado en tus piernas mirando tus ojos
que siguen el balón que rebota
& mi corazón es cien balones de básquetbol
regateando amor loco por tus brazos
que me abrazan, lanzándome por los aires
& atrapándome de nuevo después de que Marv Albert
exclama *Aquí está Paxson con el tiro de tres...*
¡Sí! & el amor es tus puños cerrados
& sin la necesidad de pelear por una vez, tus puños
son fuegos artificiales sobre tu cabeza, puños lejos
del cinturón de cuero que utilizas para disciplinarnos,
la forma en que dices Paxson con la boca llena de alegría,
& mi corazón dispara mil tiros en suspensión,
el corazón corriendo para hacer tiros en carrera,
buscándote en las gradas,
el corazón amando lo que tú amas, mi corazón
corriendo suicidios para estar en el salón de la fama de tu
corazón.

Otro poema sobre Cal City

tal vez todo nuestro amor estaba condenado desde el principio
—crecimos en casas que estaban destinadas a ser desalojadas, abandonadas
& luego demolidas. la ciudad prefería terrenos vacíos en lugar de personas.
me acuerdo de las ratas gigantes como pelotas de sóftbol pululando en los nuevos
escombros. dios mío, todos los finales son aburridos. déjame ir
de vuelta al principio. sentado en el sótano de Smitty,
éramos ricos en amor. teníamos a nuestros cuates,
un paquete de cartas, & el mismo bote de veinticinco dólares que barajeamos
de ganador en ganador. como toda riqueza, no la podíamos ver.
soñamos con más. tal vez ese más es el inicio
de todas las historias de ruina. el deseo es una buena causa
de muerte como cualquier otra. por supuesto, tomamos caminos separados.
ese no es el punto. todavía guardo un paquete de cartas
& un billete de cinco dólares listo para el día
en el que mis amigos se presenten sin avisar & serán siempre bienvenidos.

Ojalá: mi compa

Oscar una vez vio a alguien
ser asaltado por sus tenis.
no por eso dejamos de querer
unos Jordan. en cambio, aprendimos
que si alguna vez teníamos tenis dignos de ser robados
era mejor esconderlos
en nuestras mochilas. dios mío,
así es como aprendimos a ser chicos:
manteniendo todo lo que amamos cerca
& fuera de vista.

Movilidad social

bailando para esquivar el revoloteo
de las cucarachas, el niño cepilla sus dientes
con un ojo en el lavabo
& con un ojo en los bichos
& con un ojo en sus dientes
& con un ojo en la hora
& con un ojo en la tarea
& con un ojo en sus hermanos
& con un ojo en el futuro
—años después cuando sus amigos bromeen
diciendo que tiene dientes de pobre
su cabeza mudará de piel
para revelar cinco mil ojos del tamaño
del corazón de una cucaracha.

Arrepentimiento o mi papá menciona el amor

mi papá nunca dijo la palabra arrepentimiento
pero colgaba de su labio
como un cigarrillo. me acuerdo
de esa noche en México. mi papá
en casa con un poco de dinero. el barco
de los sueños de la diáspora. en otra vida, él pudo
haber coqueteado con todo el bar. en esta vida,
él estaba en casa antes de la medianoche.
mi hermanito enfermo durante las vacaciones.
ser padre significa que te manden
en el trabajo & te manden en la casa.
es muy fácil fantasear con el amor
cuando es un coro de besos.
¿qué pasa cuando el amor es un pañal sucio
& una nariz con mocos?
mi papá rara vez decía la palabra amor,
pero siempre regresaba del bar.

Black & Mild

en la universidad, algunos le hacen al Adderall, algunos
    beben,
algunos echan la hueva a lo largo de los días, algunos cogen,
algunos se chingan todo, algunos hacen todo lo anterior.

algunos se las arreglan con galletas, algunos con coca,
algunos se las arreglan fumando, Febreze, & una toalla
debajo de la puerta. algunos eran sanos, seguramente,

pero nunca los conocí. mi amor solía estar en su cuarto
hasta que su roomie la arrastraba a un bar.
mi compa Ben solía hacer la cuenta regresiva de los días

hasta el final del semestre iniciando desde el día uno.
¿& yo? le entré un poco, pero la nostalgia era mi droga.
solía pasar mi trabajo & estudio con unos Black & Mild

en el 7-Eleven. antes de pasarme un cigarro
aquella primera vez, Jeff dijo que el secreto para fumar
era aguantar el humo en tu boca & nunca

en tus pulmones. si hubiera escuchado a Jeff entendería
algo sobre el amor & el dejar ir, pero estaba a ochocientas
    millas
de River Oaks inhalando cada pedacito de ceniza que pude
    aguantar.

si la ceniza era mi destino,
quería ser la ceniza que más amaba.

Centro comercial de River Oaks

algunas alegrías son así de simples:
yo & todos mis chavos
reunidos en el centro comercial
donde no nos alcanza para nada
más que para tiras de pollo & papas fritas
—que para fortuna de nosotros,
es todo lo que queremos.

III

ORO

Pedro explica el realismo mágico

nah, nunca escuché sobre el realismo mágico,
pero sí sé esto: cuando tomé ácido
en el desierto, los ancestros vinieron a mí
—o sea, siempre están ahí, pero como
si me dejaran verlos, me dejaran escucharlos.
& me dijeron que todos los hombres de nuestra familia
sabotean sus relaciones usando el alcohol.
es como si la verdad no fuera sólo una idea, sino algo físico.
como si pudieras elegir que no crees en la gravedad,
pero esta te sigue jalando hacia abajo.
así fue esto: estuve viviendo
con esta verdad, pero ahora puedo sentirla.

Elegidos

todo ser vivo tiene una boca
—una papa en mi tabla de cortar gesticula
más luz solar, por favor. las papas quieren
más luz solar. yo también, banda. los humanos
creemos que somos elegidos por nuestros dioses,
pero ¿& si los dioses eligieran a las papas?
no se rían. aquí vamos inventando nuevas formas
de matarnos unos a otros mientras las papas duermen.
mientras las papas beben luz solar & agua
& mueven sus dedos de los pies en la tierra.

Padres

tiene que doler
—aquellas fiestas en el sótano
donde incluso el gusano
en el fondo de la botella
estaba cantando a todo pulmón
sobre algún amor que valió verga.

debería pedir disculpas
—es verdad que mi papá dejó de abrazarme,
pero nunca dije la otra parte:
yo también dejé de abrazarlo a él.

aquellas fiestas en el sótano
donde los hombres bebían
& luego bebían más
—ellos sólo cantaban cuando estaban ebrios
—ellos sólo se abrazaban cuando cantaban
—ellos sólo lloraban cuando se abrazaban.

Un casi soneto para la casi vida de mi mamá

en la vida en la que mi mamá no tiene hijos, ella no llora.
ella pasa sus veintes siguiendo a Marco Antonio Solís de show
en show. manos arriba rindiéndose. rezándole a un dios diferente
al que ahora le dedica los domingos de rodillas. me encanta

imaginármela así: su nombre *María*, *María* un nombre que los hombres
maldicen al cielo de Guadalajara a Oaxaca. el santo nombre de la madre
renacida una madre de nadie. ella se cría a sí misma. & tal vez a un hombre
suertudo, pero sólo por un momento. oh, sé que mi mamá protestaría

estaría aburrida sin sus hijos & sin dios. mis hermanos poniendo
rap a todo volumen en el sótano. poniendo sus ojos
rojos al fumar. ¿nuestros vientres de alegría le dan alegría a nuestra creadora?
querido lector, no soy padre de nada. ni siquiera de una planta.

todo lo que conozco son esos sábados en la mañana, en los que he compartido un café
con mi mamá mientras suenan canciones de amor en la radio & ella le mueve
a su café con los ojos cerrados soñando con una vida
donde sus pequeñas sonrisas le pertenecen a ella & solamente a ella.

Poema con flores cadáver & sin cadáveres

en conversación con
Alan Chazaro & Kim Sousa

Cientos hacen fila para ver florecer a la "flor cadáver" en la gasolinera abandonada de East Bay.

—*The Mercury News, 20 de mayo de 2021*

empieza con el aliento de luto de la flor
cadáver. considera qué putrefacción podría alimentar las
    venas.
alternativamente: toda vanidad requiere apestar.
en el otro extremo del mejor filete de tu vida
hay una vaca gimiendo una canción de agonía.
en algún lugar hay un productor que convierte la última
    palabra
de esa vaca en algo que puede retener un tambor.
una de las primeras preguntas que nuestros ancestros tenían
    que responder
era qué hay que hacer con aquellos que mueren.
en algún punto, comenzaron a alimentar a los muertos
de vuelta a la tierra & nombraron a los bebés igual a ellos.
así que cuando una flor cadáver se abre
en una gasolinera de la Alameda es un pequeño milagro:
no era un juego de los Warriors, ni un funeral, ni una boda,
sino que toda la cuadra se reunió para mirar una flor
que nos recuerda a nuestra familia—no la muerta
ni la que se ha ido—lista para florecer de nuevo.

Es sólo el día chorrocientosmil de la cuarentena & ya estoy fantaseando con robarle a los ricos

me gustaría pegarle a jeff bezos en su estúpida cara
& me gustaría tener seguro médico en caso de que mi mano
se lastimara
& me gustaría vivir lo suficiente para abrazar a mis amigos.
para besar a mi mamá & a mi papá en sus frentes
& no preocuparme por infectarlos. me gustaría vivir
lo suficiente para pegarle a jeff bezos en su estúpida cara otra
vez.
¿es estúpida? estúpida o no, me gustaría golpearla.

❦

esto qué resuelve, puedes preguntar. este no es un buen
poema,
puedes decir. & tienes razón. este no es un buen poema. no
tengo
seguro médico. no tengo seguro médico. no tengo seguro
médico.
no hay forma de hacerlo bello.

❦

pero déjame intentarlo:
cuando las sirenas rozan nuestra cuadra
veo cardenales & urracas azules peleando.
sus plumas les hacen cosquillas a nuestros edificios. sólo
espero
que la ambulancia se vaya antes de que mi truco de magia
se desplume & las sirenas se vuelvan sirenas se vuelvan
sirenas.

si le robamos un billón de dólares a jeff bezos
él ni se daría cuenta, así que vamos a robarle más.

cuando las sirenas rozan nuestra cuadra,
no veo pájaros. veo pagos pendientes. pagos & ataúdes.
& cuando veo ataúdes, veo toda la deuda
que no puede ser enterrada conmigo. cómo incluso en la
    muerte
mi nombre será un gusano en la hoja de cálculo de un
    contador.

Poema con un poco menos de agresividad

para que quede claro/ cuando me invitan/ a los salones de la riqueza/ que llevan nombres de asesinos/ de propagandistas de la guerra/ de antisindicalistas/ de creadores de la crisis de opioides/ tomo mi asiento/ me tomo una foto/ poso con todos mis dientes mostrando/ lo inofensivo/ que soy.

no hay consumo ético bajo el capitalismo. es algo que una vez le escuché a un compa. no hay consumo ético repetí como perico. vigila mi boca & extrañarás mis manos. cobro cada cheque & checo mi saldo & saldo mi conciencia. bajo el capitalismo todos debemos hacer lo que debemos. sólo hay una verdad bajo el capitalismo. dice el perico en el diente del zorro en la boca del oso. el oso quiere que sepas que él sufre también. ansiedad & calentamiento global, así que vigila tus juicios. no hay verdades bajo el capitalismo. no puedo ayudar a los pobres si soy uno de ellos dicen los billonarios. no puedo ayudar a los pobres si soy uno de ellos dice el banquero que firma la ejecución hipotecaria de mi familia. es verdad, lo sabes: no hay consumo ético bajo el capitalismo. algunas verdades son inútiles.

Maybach Music

con un sample de Paul Wall

si los ricos quieren que les paguen, que hagan la fila
—siempre me voy a pagar primero
& también en segundo. perdóname, he estado quebrado.
he estado debiendo la renta & falta un día de pago.
aunque eso nunca ha impedido que baile,
manos en el aire rebotando al ritmo del bajo
de las mentiras favoritas de mi rapero favorito.
deja que me retracte, nunca bien he sabido
quien dice mentiras & quien dice la verdad,
pero en mi lengua es mentira todo rap.
todavía me salto el papel de baño de la tienda de la esquina
por los rollos de lujo de triple capa. esos ricos
creen que sólo ellos merecen culos suavecitos.
nací como una deuda atrasada. nací en colecciones.
Paul Wall dice *abre mi boca & la luz del sol*
ilumina la oscuridad. lo sigo con mis labios, pero yo sé esto:
de mi boca sólo la oscuridad sigue a la oscuridad.

Tarjeta rechazada

a la manera de Kim Addonizio

si alguna vez sobregiraste tu cuenta de banco
a propósito, comiéndote la penalización para que pudieras comer,
si alguna vez aguantaste la respiración mientras deslizabas la tarjeta,
si te mordiste la lengua mientras tus amigos hablaban de acciones, si acechaste
los congeladores de las tiendas de un dólar por comidas en oferta, si sabes
cómo preparar arroz & frijoles para toda una semana,
un mes, si alguna vez le diste puñetazos a dios, si consideraste
robar, si lo llevaste a cabo, si te saltaste
los torniquetes, si te arreglaste como rico a pesar del precio
de la etiqueta, si sabes que te veías bien, si dijiste "bien"
para encajar en las conversaciones, si memorizaste
las preguntas de las solicitudes para los cupones de comida,
mi gente, familia a mi familia, si nunca has gastado
tu último dólar en un blunt para desafilar el cuchillo
de tu propia mente/ te amo no puedo decirte lo que sigue

Clase media en este mundo de mierda

(por Pedro Olivarez, por mensaje de texto a José Olivarez)

Carnal, estoy recibiendo
emails de reclutamiento de compañías que
quieren contratar a este niño

Estoy a punto de ser CLASE MEDIA
en este mundo de mierda

Voa enderezarme los
dientes, chavo

Voa hacerme choqueos regulares
con el doctor, chavo

Voa sacar una nueva receta
y unos nuevos lentes y unos
nuevos lentes de contacto, chavo

Nunca has visto antes a nadie ser
de clase media como yo. Voy
a romperla, carnal.
Sedán de gama media, un reloj decente,
zapatos de vestir, bien estirado tanque de gasolina
medio lleno

El Canelo Álvarez es el campeón

no me levanto & doy gracias a dios por mi aliento
mexicano. otro
día mexicano para estirar mis piernas mexicanas. cuando abro
la puerta de la ducha no pienso que esa sea otra frontera
que cruzar. no me cepillo mis dientes mexicanos & me
pregunto
a qué país pertenezco. from here & from there &
my language is my language. cada idioma que hablo
está de la chingada. all my words are bad words.
la única palabra que puedo traducir correctamente es la
palabra
para la terrible vergüenza que sientes cuando rechazan tu
tarjeta
al final de la cita. la única palabra que está marcada
en mis huesos es la palabra para cuando te ríes tan fuerte
que escupes tu bebida. es verdad que almorcé frijoles ayer
& si hubiera tenido algo de queso fresco lo habría
desmenuzado encima.
no estoy tratando de ser mexicano, pero lo soy. & maldita
sea, esos frijoles
estaban muy buenos. cocinados directamente de la lata. tal
vez mis ancestros
están conmigo, & si lo están, seguramente desaprobarían
lo malo que soy para los videojuegos. mijo, pásame el
control,
puedo escuchar a mi abuelita decirme cuando pierdo en 2k
otra vez. perdóname,
abuelita, pero sabes que a ese juego le gusta hacer trampa.
todos mis compas

inteligentes abandonaron el nacionalismo hace años. como siempre, llego tarde.
como siempre, estoy mintiendo. el Canelo Álvarez se retira con El Rey
& la corona está en mi cabeza. mi boca es una trompeta. el Canelo le rompe
toda su cara británica a Billy Joe Saunders & estoy en mis pies mexicanos.
con dinero o sin dinero. les texteo emojis de la bandera de México
a todos mis compas. conozco las matemáticas. mañana México
será una nación opresiva, pero esta noche,
cuando el Canelo grita VIVA MÉXICO, CABRONES, yo grito con él.

Mal soneto mexican

discúlpame, mamá: la mejor mexican que conozco,
cuyos rosarios están desgastados por los insensatos
pecados míos & de mis hermanos. discúlpame, Jesús:
el segundo mejor mexican que conozco & cuyo retrato
solía voltear al revés antes de ver porno. perdón
a todos esos mexicans que sacuden sus cabezas.
sorry to you lady, fui a la escuela en inglés.
culpa a Estados Unidos. culpa a nuestros tíos & sus
    Playboys
—sus mujeres blancas escondidas debajo de sus camas.
aplausos para mis primos. gracias por darme la bienvenida
al club de los valemadres. sé que era un buen mexican
cuando iba a la escuela & terminaba toda mi tarea &
    escondía
todos mis sufrimientos, mi vacío, mi aullido, mi maldición.
    mi corona
de espinas sangrando educadamente igual a los mejores
    mexicans que conozco.

Poema donde nadie es deportado

ahora me gusta imaginar a la migra corriendo
en la fábrica de calcetines donde mi mamá
& sus amigas trabajaban. todas eran mujeres

que trabajaban ahí. mujeres que se trenzaban
el cabello una a la otra durante los descansos.
mujeres que usaban rosarios, & nunca

traían un cabello fuera de su lugar. mujeres que estaban listas
para las cámaras o para dios, & que terminaban sus oraciones
con un *si dios quiere*. como en el día antes

de la redada de inmigración, cuando el rumor
de una redada fue pasada como pan entre ellas
& las mujeres hicieron planes, *si dios quiere*.

entonces cuando los oficiales de inmigración llegaron
encontraron cajas de calcetines & a todas las mujeres ausentes.
seguras en casa. aquellos oficiales pensaron

que nadie estaba trabajando. estaban equivocados.
las mujeres dirían que dios estaba trabajando.
& ese era dios, aunque el dios

al que mi mamá nos enseñó a temer
era vengativo. él bien pudo mojarse el pulgar
& borrar a la migra de este mundo como una mancha

en un espejo. este dios era el dios que me despertaba
a las 7 a.m. todos los días para ir a la escuela para hacerme
saber
que había comida en el refrigerador para mí & mis hermanos.

nunca le pregunté a mi mamá de dónde venía la comida,
pero ella me decía de todas formas: *gracias a dios*.
gracias al dios de la comida. gracias al dios de las mujeres,

gracias al dios del chisme, que escuchó los planes de la migra
& los susurró en los oídos correctos
para mantener a nuestras familias a salvo.

IV

INTRADUCIBLE

Tragedia estadounidense

dadas tus circunstancias te quedas sin boca por lo tanto sin voz por lo tanto tus movimientos requieren traducción dado el acero hice objetos de arte dados los objetos de arte la gente hizo ruido el ruido era inofensivo para el estado por lo tanto el estado correspondió con becas no importó que mis objetos de arte fueran barrotes de cárcel doblados en letras para deletrear la palabra ABOLICIÓN no importó que mis objetos de arte dijeran vete a la chingada ronald reagan que dijeran todos los presidentes apestan el estado no puede distinguir entre objetos de arte con alambre de puas & rosas son iguales para el estado el estado ama los objetos de arte hasta que los objetos de arte son un equipo de demolición afuera de los cuarteles generales de la policía dados los equipos de demolición en frente de los cuarteles generales de la policía el estado asesinará a los artistas los artistas no destruyen a la policía por lo tanto el estado alimenta a los artistas el estado permite a los artistas sentarse en su regazo dadas las restricciones del capitalismo dado que se debe la renta de cada mes dados los miembros de la familia en necesidad dados los precios de la insulina el artista aceptará el regazo del estado por lo tanto un micrófono es el constante objeto de arte del estado como un caleidoscopio que refracta la voz del orador en la misma palabrería patriótica algunos artistas no saben que están siendo usados por el estado eso los convierte en una representación bien compensada no importa que los niños sean retenidos por el estado lo que digan no es adecuado para el arte dados los aplausos no es una opción dado que la exposición es permanente dada su fealdad es acero su aliento de vinagre no adecuado para las postales por lo tanto es más fácil escuchar a un artista afuera de su arresto capaz de girar el secreto en una moneda que podemos compartir en una cena donde todos suspirarán & mirarán contemplativamente esa es su parte en esta tragedia estadounidense

Invierno en Cal City

quería creer que la brutalidad
tenía un sentido—esas mañanas sin fin
saltando arriba & abajo en la parada del autobús
tratando de calentarme. quería—no,
necesitaba creer que el sufrimiento era honorable.
necesitaba creer que esas mañanas de febrero
hacían que el sol de julio fuera más sedoso.
pero así no funciona, ¿o sí?
quiero aprender lo que los pájaros saben
—a amar un hogar cuando es abundante
& a irme cuando el amor cesa.

En la firma del Tratado de Libre Comercio de América del Norte

Hoy tenemos la oportunidad de hacer lo que nuestros
padres hicieron antes que nosotros.

—Bill Clinton, 8 de diciembre de 1993

para levantarse antes que el sol, mi mamá
tiene su rutina memorizada. con los ojos vendados,
ella puede hacer ponche de café. para aligerar

la carga de trabajo, mi mamá & sus compañeras de trabajo
chismean. ¿qué le pasó a doña Cuca?
sintonizan la radio en la estación católica

& rezan por sus hijos, raras veces
por sus esposos. cantan la canción
que sus padres cantaban, & que sus abuelos cantaban

& que sus bisabuelos cantaban & que sus tata-
rabuelos cantaban: buscamos dólares
& sólo encontramos dolores.

Ojalá: yo & mis chavos

necesitamos una excusa
para hablar. uno de ellos me envía
un micrófono, para que podamos jugar videojuegos.
hacemos un grupo de chat tras otro grupo de chat,
para que podamos hablar de básquetbol.
somos buenos recitando estadísticas, buenos
compartiendo canciones de rap, buenos
haciendo bromas. buenos.
mis compas están siempre bien
cuando pregunto & no pregunto lo suficiente.

La poesía no es terapia

pero eso no significa que no lo intentara.
dios sabe que en aquellos momentos
en los que mis tripas estaban siendo retorcidas
como un trapo mojado, escribí un poema malo
después de un poema malo. sanar
no era el punto. (la sanación es una búsqueda capitalista)
después de que mi abuelita murió
empecé a medir todo en distancia: a ochocientas millas
de mis padres. a dos mil quinientas millas
de donde ella fue enterrada. ¿entiendes
lo que estoy diciendo? nunca acortaré
la distancia. quería que el dolor
se detuviera. para escribir un poema que puedo pasarles
a todos mis amigos preguntándome cómo me encontraba.

¿cómo me encontraba?

la distancia entre mí
& todas las personas
que he perdido crece en millas
& años

Antes de que nos sintiéramos cómodos mencionando el amor, las chocábamos

nos abrazamos fuerte, brindamos con muchas palabras
—ninguna de ellas dulce. como nuestras bebidas, nos
imaginamos
a nosotros mismos firmes, fuertes, oro de manhattan.
aquellas noches
hicimos rimar nuestras caderas con las caderas de las
mujeres
que no supimos amar. correctamente & con convicción.
en privado, confesamos nuestros miedos vagamente.
saltando
piedras en el lago. algo sobre piedras & padres.
bajo nuestros microscopios, freímos hormigas & se las dimos
a nuestros crushes. empujamos & alborotamos. reímos.
entre nosotros & los hombres en los que nos queríamos
convertir,
había una enorme roca. no podíamos moverla
con fuerza bruta & así que decidimos que era imposible.
creamos maldiciones familiares. culpamos a la buena tierra
donde nos criamos. nos juntamos con los hombres
de nuestro lado & no estuvo tan mal: miserables como
éramos
nunca estábamos solos & por lo tanto resolvimos que
podíamos vivir
con nuestro fracaso si todos nos quedábamos aquí.
donde sólo nos tocamos los puños pero nunca por mucho
tiempo.

Ojalá: odio cuando te rompen el corazón

& sin embargo nunca voy a olvidar
el día después de una ruptura,
cuando la ciudad cobró vida
con formas para hacerme daño.
trenes & autobuses & ventanas
de pronto peligrosos. le llamé
a mi compa que estaba a unas cuadras.
me tomó de la mano
todo el camino hasta mi departamento.
ay dios, doy gracias por ese toque
—intraducible,
por eso sé que es sagrado.

Haram

dios, perdónanos—conocemos lo sagrado
sólo para profanarlo. cuando una morra chida
me la cantó mientras sonaba "Pony" de Ginuwine,
mis compas dijeron "Mashallah".
éramos parientes. conectados por la fe
no en algún dios, sino en nuestro amor por los otros.

Sanación

queremos terminar
—tomar la prueba
& olvidar el material
—señor, después de mi última gran ruptura,
sosteniendo mi propio mano de comida en comida.
todo sabía a lo mismo. tacos & pastel.
tenía que forzarme a comer. a beber
agua. la luz insultándome
con su insistencia. estaba aprendiendo
algo sobre ser visible. en cualquier parte
que caminaba las parejas iban de la mano.
¿qué era lo que deseaba
para que el dolor se disolviera como azúcar,
para que alguien más sostuviera mi mano,
para que la carga de amarme a mí mismo
fuera entregada a alguien más?

Más, por favor

aplausos. aplausos. Nicole me pregunta qué estoy tratando
de amar
de mí mismo. ¿a cuál de todos? en las comedias románticas,
la revelación es un amanecer.
en la biblia, es una inundación. le dije a Erika que yo era una
planta. luz solar
& agua. agua & luz solar. cuando mis padres se enfermaron
de covid no amaba nada. mucho menos algo de mí mismo. a
ochocientas millas.
¿haciendo qué? ¿siendo un artista? aplausos. luz solar
filtrándose
por las ventanas. la inundación era una metáfora. no podía
dormir
cuando mi papá respiraba gracias a una máquina. no podía
nadar.
la inundación estaba en mi sala. en mi cuarto. tan azul
que sólo yo podía verlo. ese yo se ahogó & otro yo tomó
notas.
era primavera en Estados Unidos. a los pájaros no les
importaba la pandemia.
tenían hambre. tenían sed. mientras sufría, estaba callado.
con los labios azules. ojos de agua. amanecer. mi yo ahogado
vació el agua
por su oído. comió algo de avena & se preparó para ahogarse
de nuevo.

Dos verdades & una mentira

la primera cosa que veo cuando me miro a mí mismo es
mi panza.
mi panza saludando a los extraños con sus redondos holas.
hola es la primera palabra que aprendí en inglés.

en inglés no hay una palabra para feo.
feo es como me siento—incluso enamorado.
mi enamorada dice que estoy delgado & guapo, & el espejo
dice panza.

panza, panza, panza, panza, panza, panza
—panza, ¿no hay una posibilidad de hacer las paces entre
tú & yo?
yo sueño con abdominales. abdominales en bicicleta.
abdominales diseminados en el cielo nocturno.

el cielo lleno de nubes de algodón de azúcar—mi lengua
escribe mis imágenes.
imagina una rebanada de pastel red velvet. después,
imagina otra.
otro de mis sueños es cuando me quedo atrapado en un
elevador.

el elevador es una metáfora del amor propio. tal vez debería
tomar las escaleras.
escaleras como las de esa famosa pintura: subo
& subo, pero termino más abajo que abajo.

V

RETROCEDIENDO

A Pedro le preguntan sobre su hermano mayor

¿quieres saber sobre josé?
él no me habla. él no le habla
a nadie realmente. siempre hablando
sobre lo que todos los demás tienen. ¿quiénes son
todos los demás? aunque él no habla.
¿esa no es una condición o algo así?
cuando la vida de todos los demás luce tan perfecta,
& tú volteas a ver a tu propia familia—& todo lo que ves
es el cilantro pegado en sus dientes.
¿cómo se le llama a eso? ¿republicanismo?
¿delirios post salto de la frontera estadounidense?
¿pobreza? ¿cómo se le llama? ¿cuando el espejo
luce más sucio que la televisión? ¿supremacía blanca?
algo así. como sea,
mi hermano la ha pasado mal.

Soneto que sucede

así es como sucedió: sucedió. porque el suceso
es una casualidad sucedida que significa suerte o mala suerte. el suceso
no es suficiente, no es evidencia, la evidencia aquí es algo evidente
para toda la gente de cuerpo blanco. puesto que la gente es subjetiva
& cal city se movió con los folks de todas formas, tomaré una vida
como una planta. una suculenta succionando luz solar de una cornisa.
todavía los hdlch quieren molestarme. pregúntame sobre la asimilación.
aquí están las respuestas que has estado esperando. pon atención.
paga mi anticipo. paga mi cargo por reservación. no es gratis
hasta que los folks estén libres. & los peoples también. quiero un millón de títulos
académicos para todo el interrogatorio que me hacen cuando vuelo internacionalmente.
cuando me detengo en la aduana del lado gringo & el oficial
fronterizo dice ah, así que eres de Estados Unidos, ¿estás seguro?
no lo soy. cometieron un error. mis disculpas, señor. soy de Chicago.

Autenticidad

aquí va un auténtico poema de amor chicano:

una de mis crushes de la universidad solía comer Cheetos
    Flaming Hot
tan suave, que no le quedaba polvito rojo en sus dedos.

Lealtad

le fui leal a mi cabello hasta que comenzó a retroceder.
le fui leal a las gorras ajustadas de chicago.
le fui leal a chicago pero de todas formas me mudé.
le fui leal a las gorras ajustadas de chicago hasta que me
 rasuré la cabeza.
le fui leal a mi calvicie excepto cuando tenía flojera.
le fui leal a mi flojera especialmente durante la pandemia.
es autocuidado, dije. dije estoy siendo leal a mí mismo.
excepto cuando el autocuidado empezó a lucir
 sospechosamente
como autonegligencia. el ángel calvo en mi hombro
dijo ¿cuál es la diferencia? el azúcar es leal
al corazón. eso es lo que la hace peligrosa.

Poema donde aprendo a comer escargot

no entiendo por qué es tan difícil
para mí aceptar la felicidad: las mantequillas
se acumulan en el plato como seda
recordándome los abrigos de poliéster
que usaba todos los inviernos. esponjosos & baratos.
era como si el abrigo me estuviera comiendo.

en París, bebemos vino. los franceses se burlan
de mí por beber Hennessy. hay mejores
cognacs, me dicen, & quiero responderles
con el nombre de mis compas: cómo guardo
una botella de Henn en caso de que decidan visitarme.
por supuesto, también me refiero a mis muertos.

el abrigo venía de la iglesia católica
del vecindario. daban regalos
a los necesitados cada navidad. una cosa
es lo que queremos & una cosa es lo que necesitamos.
cuando mis hermanos & yo pedíamos videojuegos,
la iglesia nos daba libros. éramos demasiado pobres
para querer lo que queríamos.

Algunas palabras parecen bonitas hasta que intentas usarlas

los niños en la escuela
pobre recibieron pósters de superación.
les dieron pláticas motivacionales.
seminarios de empoderamiento.
(no les dieron dinero.)
dios mío, nunca entenderé
cómo algunas personas conocen
a alguien que se está ahogando & le ofrecen
consejos INSPIRACIONALES
en lugar de ofrecerles una mano o una cuerda.

Dondequiera que esté esa tierra es Chicago

perdonen mi geografía. es verdad que estoy obsesionado
con los mapas. con las banderas. un Starbucks en la cuadra
significa migración. cualquier restaurante con vidrio antibalas
es como regresar a casa. debajo de mis tenis
hay un rastro de sal. la última oración es un examen.
el poeta quiere decir:
(a) dolor
(b) invierno
(c) diáspora
(d) la pregunta está mal
(e) todas las anteriores
siempre estoy al sur
de algún lugar. sé que el sol sale
en Lake Michigan & se oculta al oeste.
tengo primos que nunca conocí. hay una palabra
para eso. (¿a dónde se fueron?) todas las plantas acereras
    cerrando
como fuertes conquistados. un día, habrá un tour urbano
por el sur de Chicago. imagina el capuchino de soya
bebido por chicos geniales que traen sudaderas con gorro
    que dicen Chicago Over Everything tomándose selfies
    enfrente de las máquinas
que alguna vez exhalaron fuego. fingiendo que los huesos
son reales.

VI

OJALÁ OJALÁ OJALÁ

Nate me llama sensible

si fuéramos mejores siendo honestos
tal vez no necesitaríamos una botella
de algo fuerte que nos hiciera hablar
de frente. de frente como en el borde
en el que solíamos manejar en ese viejo
Toyota Tercel de micrófono abierto a micrófono abierto.
si te confieso que ese solo recuerdo
hace que me piquen los ojos,
¿dirías que soy sensible? Nate dice que sí.
Bee dice nah. Adam dice tú eres
el más sensible. mi terapeuta me dice, hablemos
sobre tus padres. mis hermanos
dicen, si todo lo que vas a hacer es hablar,
mejor rola el blunt. el Jesús mexican
no dice nada. Mercurio está en reggaetón:
¿las estrellas sólo les hablan a las mujeres? esta noche
las estrellas están ocultas por las ostentosas luces
de la ciudad & quiero decir que mis amigos
pueden ver mi sensibilidad en todas las bromas
que hago, pero tal vez no necesito a las estrellas
para ser tierno. tal vez la próxima ocasión que te vea
no voy a chocarlas sino que te voy a abrazar, te voy a acercar,
& te diré bajo las ordinarias luces de la calle
cuánto te amo.

& que todavía no eres una mierda.

Poema de amor (feat. Chani Nicholas)

esta noche hay luna nueva & Chani llena mi cabeza:
Retener sólo te mantendrá en el mismo lugar.
¿es tu horóscopo o el mío? en FaceTime,
pones tu playera sobre tu cara, aplanas tu nariz
como un botón. solía imaginar que el amor
era un jarabe espeso que podía derramar sobre mi vida
  hasta que
la tristeza fuera incluso lo suficientemente dulce como para
  tragarla.
mi amor, meto la panza & me odio
a mí mismo cuando ordeno hotcakes con chispas de
  chocolate. estoy muy
triste & te amo demasiado. *¿Quién en tu vida te enseñó*
cómo decirle sí a tu bienestar y, por extensión, a tu dicha?
volteo a las estrellas por respuestas. pronto, tú & yo
  viviremos juntos
¿& qué amaremos entonces? he vivido lo suficiente
para saber que la tristeza se va & regresa & se va de nuevo.
beso tu nariz. cuento mis respiraciones en tu cuello
mientras duermes.

Todos los nombres que nos decimos porque no podemos mencionar el amor

cabrón
este güey
presta pa' la orquesta
compa
bro
qué pasa
qué onda
quiúbole
cabeza de culo
qué pedo
primazo
mi chile
feo
pinche feo
oye, jodido
weeeeeeee
barrio
nalgas miadas
cabrón
este chavo
mi chavo
mi carnal
hermano

Poema de amor a la Cal City

con alusión a Willie Perdomo

desde que cerraron el cine,
no quedan muchos lugares para las citas,
aunque podemos hacer nuestras propias palomitas de
maíz
—frescas del microondas & sentarnos en el sótano

con mis hermanos mientras hacen bromas
& fuman hierba. no puedo prometer mucho
en cuanto a las bromas, pero la hierba te hará cantar
en falsete. este es todo el romance que puedo ofrecer.

lo siento si mi amor no brilla
bajo el sol & si tampoco lo aprecian en los bancos.
todo lo que puedo prometer es que mis hermanos
te compartirán de su hierba & se burlarán

de ti. mi mamá te alimentará
como si tu vientre fuera el mío. mi primo
es quien te consigue los tenis. aunque no puede
ofrecerte ningún descuento. todos mis amores inadaptados

en un sótano donde prometo
que la puerta siempre estará abierta. no es nada
& es todo lo que tengo—lo que juro
cuando juro por todo aquello que amo:

tú eres a quien
yo amo más.

Lo más

lo más mexicano que hay en mí
es que bebo con hombres
que no dicen nada
sobre cómo se sienten
hasta que estamos ebrios & casi llorando.

Mercedes dice que prefiere la palabra "discoteca" a la palabra "club"

dame palabras que canten.
ojalá es tres gallinas poniendo huevos cafés. esperanza
tiene su propia musicalidad, pero le falta un acordeón.
mis amigos están a la altura de sus habituales travesuras:
beber un buen vino & estar tristes. mis amigos
no se meten en problemas. problema usa sombreros
& lo llama un disfraz. mis amigos son traviesos
& malcriados & sinvergüenzas. déjame traducir:
DJ Ca$h Era está haciendo sudar las paredes. unas rolas suaves
se arrastran por las bocinas & nuestras caderas se mueven
como si alguien derramara jarabe sobre la noche.
Mercedes tiene razón. siempre estoy puesto
para ir a la discoteca. una palabra que gira en la lengua
como una bola de disco. quédense con sus clubs. los policías irrumpen en los clubs
& en este poema no hay policías.
alguien derramó jarabe sobre la noche. fuimos nosotros.
la luna es una gallina cantando ojalá ojalá ojalá.

Es febrero & mi amor está en otro estado

& cuando camino por la calle, voy de la mano
con el viento. hay una chimenea tosiendo
más adelante & el cielo es tan dulce, que podría saborearlo.
un gato se pavonea lejos de mí & dos ojos amarillos

se vuelven cuatro: de la nada,
soy la criatura más solitaria en la cuadra.
pronto las luces de la calle cobrarán vida
& las televisiones se iluminarán en un melancólico azul.

quédate conmigo. mientras el cielo permanezca dorado,
sostén la escalera, para que pueda subir, & desde
el escalón más alto, pueda raspar una llovizna
de luz para colgarla en mi cuello. sola

está la estrella que sigo. enamorado & solitario:
sola está la casa con el resplandor más cálido.

Feo

he terminado con la belleza. los ricos
pueden tenerla. he terminado con los intentos por imitarla.
sus caras impresas con láser. qué sé yo
sobre la belleza, más que las sonrisas sencillas de mi
hermano.

él empezó a sonreír con toda la boca
una vez que le arreglaron los dientes. lo bromeamos:
sigue estando feo. disculpas para todos los ojos
a los que he lastimado con mi cabeza calva & mi uniceja.

lo sé estoy feo como las palomas en las esquinas de la calle,
resistiéndose a morir. tal vez los pavorreales son más bonitos,
pero nunca he visto uno en la vida real. aquí fuera,
nos jactamos de nuestras pinches plumas comunes.

feo como mi hermano. feo como mi papá. feo
como una risa con todo el rostro & sin pedir disculpas.

VII

DIOS

Historia de los orígenes

de la forma en la que mi mamá lo cuenta, mi papá era el más
guapo.
de la forma en la que mi papá lo cuenta, mi papá era el más
guapo.
uno de esos muchachos filósofos con los que pasaba el rato
me dio el siguiente consejo: ninguna relación
entre hombre & mujer funciona a menos que el hombre
esté más clavado. no hay más. mi mamá dice
que mi papá solía lanzar piedras a su ventana
para llamar su atención. recuerda que esto fue antes
de los celulares. no podías mandarle un emoji a tu crush.
pedro & maría ni siquiera tenían teléfonos para discutir
sobre quién debía colgar primero. en esta historia, el niño
que es el niño más guapo es un mendigo. mi papá
no cuenta esta historia lo que significa que es verdad. amor,
pregúntale a mi mamá & ella te dirá: las palabras más
románticas son
por favor, por favor.

En Calumet City

salimos con dientes de madera.
mármol falso. llevábamos con torpeza nuestras masas
revueltas
a las plantas acereras. si nuestros padres supieran

que ya estábamos arruinados, cargando
maquinaria obsoleta, tal vez
no nos hubieran sellado en metal.

debajo de nuestros pastos suburbanos
la tierra estaba muerta. bocas de gusanos
abrazándose & esperando un festín

que nos nombraba. ¿qué podíamos hacer
sino cultivar corazones en nuestros corazones?
¿lanzar besos a los gusanos

que lamen sus labios con los nuestros? ¿retrasar
la sepultura un día más?
luego un día más después de ese.

Ahora soy bolonia

mis padres nacieron de un carro. ellos salieron
& besaron al carro en su mejilla. mi abuela.
ser una persona de primera generación. 23andMe reporta
que soy descendiente de pistones & trenes de transmisión.
33 por ciento
sistemas de riego. eres lo que haces. mi primer empleo
fue en una fábrica de embutidos. ahora soy bolonia.
no está tan mal ser una persona. el asiento delantero de un
carro
es más cómodo que el maletero. cuando eran bebés
mis padres soñaban con ser Lamborghinis. no
personas. eres lo que tus hijos hacen cuando crecen.
si pongo el nombre de mis padres en los papeles, ¿qué
pasaría?
la respuesta es *sin comentarios*. la respuesta es *quién sabe*.
la respuesta es *yo no sé, pero no es abogado*.
la gente está sobrevalorada. dame aguacates.

Mi sociología

recordando desde mi escritorio, quiero
alumbrar la sombra de mi papá. hacerlo
claro a la manera en que mis libros de texto
de sociología describen a la clase trabajadora:
saturados de trabajo, ansiosos & cansados.
el lenguaje, como la visión, se hace borroso
a la distancia. deja que me acerque
—cuando escuchábamos a mi papá abrir las cuentas,
sabíamos que debíamos quedarnos en nuestro cuarto. si
mi papá estaba enojado con sus jefes, nosotros
no lo sabíamos. no había jefes
en nuestra casa, sólo nosotros escuchando
sobres que eran rasgados & esperando.

Sin tiempo para esperar

arrodillados en el reclinatorio, mis padres le rezaban
a la figura de Cristo por protección.

éramos nuevos en Chicago. éramos nuevos
en los Estados Unidos. solos podrías pensar,

pero no sólo estaba Cristo en esa iglesia.
estaba la familia mexican que nos hospedó.

la familia mexican que nos conectó
con los abogados de inmigración. la familia mexican

que le dio trabajo a mi papá. la familia mexican
que nos invitaba a fiestas de cumpleaños. la familia mexican

que nos enseñó cómo hacer llamadas a México.
estaba la familia mexican que chismeaba

a nuestras espaldas. ¿solos? mis padres no podían beber una
    cerveza
sin que el primo de alguien les pidiera un traguito.

arrodillados en esa iglesia, había salvación por todas partes,
dale el crédito a Cristo si quieres, pero él nunca

susurró los números ganadores de la lotería en nuestros
    oídos.
en esa iglesia había un predicador ofreciendo salvación para
    después

& había mexicans sin tiempo para esperar.

Mercedes dice que los jacintos parecen pequeños espectáculos de fuegos artificiales

donde crecí dibujábamos flores como círculos
con repetidos pétalos ovalados. ¿qué sabíamos de los pistilos,
más que el estallido de las pistolas de juguete? sabíamos los nombres
de todos los fuegos artificiales: velas romanas, luces de bengala,
cohetes, fuentes. saltábamos lejos de la luz
de los fuegos artificiales. apuntábamos al cielo mientras nuestras manos
hacían jacintos, hacían azucenas de la noche.
sin embargo, nunca olvidaré el día en el que un viejo amor
rozó una flor suavemente sobre mi rostro antes de besarme
—¡más que el agua! ¡más que el aire!
necesitaba saber el nombre de esa flor.

Milagro

a la manera de The Social Experiment

milagro milagro digo cuando mi amor se despierta
cuando ella toca mi mano es un milagro
mis compas mandan mensajes que son un milagro ellos
    llaman ellos no
hacen milagros milagro el viento que araña su cabellera
la luz de la luna coquetea con ella milagro sé
que alguien ya volteó los ojos sé
que hay demasiados milagros en este poema
quinientos mil muertos por coronavirus
concuerdan contigo sé que vivimos contra los milagros
quemamos a los muertos tratamos de contener nuestro dolor
como niños que intentan mantener viva a una mariposa
en un frasco sellado milagro estamos vivos milagro
nuestros muertos todavía nos visitan milagro mi tío Rodrigo
junta su corazón bigotudo a los gritos de Chente
milagro recuerdo
el primer milagro que aprendí era Jesús
convirtiendo el agua en vino estamos de acuerdo
entonces que todas las uvas se convirtieron en vino milagro
todas las manos que recogen las uvas milagro
cada toque milagro
estamos aquí tan poco tiempo
para ignorar el milagro del tacto
cómo cuando mi amor me toca
mi cuerpo se convierte en algo similar al vino

Poema de Rubén

para mi hermano

borracho hasta las chanclas/ tan pedo que está ido/ una Pacífico en su mano derecha/ un vapeador en la izquierda/ inclinándose como un cuadro torcido/ mi hermano/ solía aplicarle el powerbomb/ en su cama/ antes de calentarle su lunch/ mi hermano/ empieza a inclinarlo/ & a sacudirlo/ aunque no hay un crujido/ música sonando/ aunque eso fue hace una década/ aunque nuestros primos más pequeños/ aún no habían nacido/ cuando Lil Jon estaba aquí/ musicalizando las primeras citas de nuestros padres/ mi hermano/ no sólo está temblando/ realmente está bailando/ tirando el paso hacia arriba/ pausándolo/ antes de atraparlo/ un momento antes de que llegue al piso/ & pienso/ así que esto es vivir/ lo suficiente para amar/ a tu familia/ olvidar todas las peleas/ puedo pasar el resto de mi vida/ diciendo lo siento/ por no saber/ cómo amarte/ de niño/ joven & estúpido/ como era/ & todavía lo soy a veces/ lo siento/ prometo/ bailar a tu lado/ aunque nuestros primos/ se burlen de nosotros/ con razón/ ya acabados/ como estamos/ un poco fuera de ritmo/ como siempre/ mi hermano/ cuando vomites/ me inclinaré contigo/ voy a chasquear los dedos contigo/ contigo/ mi hermano/ mi

VIII

ANTES DE QUE EL LUNES LLEGUE COMO UN PUÑO

Ars Poetica

Migración proviene de la palabra "migrar", el cual es un verbo definido por el *Merriam-Webster* como "desplazarse de un país, lugar o localidad a otra". Vuelta de tuerca: la migración nunca termina. Mis padres se desplazaron de Jalisco, México, a Chicago en 1987. Fueron desalojados de México por el capitalismo, & llegaron a Chicago justo a tiempo para ser desalojados por el capitalismo. Pregunta: ¿es posible la migración si no hay "otra" tierra a la cual llegar? Mi trabajo: imaginar. Mi familia empezó a migrar en 1987 & nunca se detuvo. Nací a media migración. He hecho mi hogar en ese movimiento. Déjenme intentarlo de nuevo: traté de ser estadounidense, pero Estados Unidos es tóxico. Traté de ser mexicano, pero México es tóxico. Mi trabajo: hacer más que reproducir las historias tóxicas que heredé & aprendí. En otras palabras: sólo porque es arte no significa que inherentemente esté libre de violencia. Mi trabajo: escribir poemas que hagan que mi gente se sienta segura, vista o de otra manera amada. Mi trabajo: hacer que mis enemigos se sientan con miedo, enojados o de otra manera ignorados. Mi gente: mi gente. Mis enemigos: el capitalismo. Susan Sontag: "las víctimas están interesadas en la representación de sus propios sufrimientos". Remix: los sobrevivientes están interesados en la representación de su propia supervivencia. Mi trabajo: sobrevivir. Pregunta: ¿Por qué poemas? Respuesta: [redacted].

Aviso de desalojo

(no existe un poema
~~que pueda ser la llave~~
para el hogar de mi infancia).

Luz de luna

los poetas no se equivocaron sobre la luz de la luna.
porque es todo lo que tengo,
tomo mi granito de cielo & lo deposito
en una cuenta de ahorros. el banco insiste
en que mis celestes están a salvo con ellos. sólo
después de que el banco confiscó nuestra casa
lo comprendí. las rosas
no crecen sin manos pinchadas.
no necesité pasar un verano en un congelador
empacando embutidos para conocer el valor
de la luz del sol. mi mamá no necesitó
una década trapeando pisos para apreciar
la educación. cuando te doy un ramo de rosas,
te estoy dando un ramo de manos ensangrentadas.
un puñado de tierra & de los gusanos que mimaron
tus rosas.
cuando saco mi pedazo de cielo del banco, es más pequeño.
los borrachos no se equivocaron sobre la luz de luna.

Llorar

venimos de un pueblo que baila
las canciones más tristes.
cuando despidieron a mi papá
no se quejó ni lloró.
recuerdo que lo encontré
en la sala
moviendo sus pies por todas esas palabras
que él no podía decir.

Enemigos unidos

a la manera de Thomas Schütte

en aquellos días de sopas instantáneas, no fueron los fideos
lo que me mantuvo con vida. en aquellos días de
microondas,
me aferré al hambre. el hambre como la arcilla

—la moldeaba. el hambre, te podrás imaginar,
al estilo de los raperos. pero a lo que le di forma
no fue a imagen & semejanza de las riquezas.

ese sueño americano murió en la casa que mis padres
perdieron por la ejecución hipotecaria. su cadáver
aún se está pudriendo en mi vieja alcoba

debajo de los pósters de Biggie.
el hambre que me alimentaba se arrastraba
por la cuadra en un Benz amarillo limón.

lo que está muerto regresa & siempre más feo.
el hambre que alimenté le quitó la grasa
a mi sopa. que sobrevivió en la sal

de mis sobrecitos de condimentos. gemela de mi verdad
más fea:
aquello que deseaba más que traer oro en mi pecho,
más de lo que deseaba que mis seres queridos vivieran

sin rentas ni deudas colgando de sus cuellos
—lo que deseaba más que nada (dios, perdona
mi fealdad) era meter envases hirviendo

de fideos instantáneos por la garganta de los ricos.
en aquellos días de sopas instantáneas, comía con dos bocas
—mi rabia sorbiendo felizmente lo que mi panza no tocaría.

Instantánea de Harlem

dos hombres posan frente a un edificio
que ayudaron a construir. ambos
con sus chalecos de seguridad. naranja fosforescente
como el color del cielo
cuando el sol checa su tarjeta de salida.

Preguntas frecuentes

debajo de todos mis poemas
hay un niño con corte de honguito cortesía
de su padre. hay padres
en todos mis poemas lo que significa
que hay bigotes. gruesos bigotes negros
que pican cuando dan besos. hay besos
en todos mis poemas. Kisses de Hershey en el bolsillo
de mi abrigo. pelusas, una tarjeta de almuerzo gratis & una
cartera vacía en el otro bolsillo. mierda. al menos
hay bolsillos en mi poema.
la hermana que no tengo se queja de los vestidos
que no tienen bolsillos. ¡qué dolor! hay dolor
en mi vida, pero tapio las puertas de mis poemas.
como la hierba, todas mis heridas se enredan en los muros
de mis poemas. ¡mierda! no hay muros en mis poemas.
algo de mierda mexican: no hay muros & no hay fronteras
& no hay padres cruzando a escondidas un río. hay un lago
en todos mis poemas. es el Lago Michigan. el niño
nada en el lago. hay un niño en cada poema
con corte de honguito & con su dedo medio
como respuesta a todas tus preguntas.

Amor de domingo

esta vida nos da tantas horas
para compartir & cómo las compartimos, me preocupa,
es un desperdicio—domingo en la noche & la tv está
prendida,
así que no nos miramos uno al otro.
en la pantalla unas estrellas de un reality show
amenazan con estrangularse unas a otras.
mi amor, somos televisión de mala calidad,
felices mientras nos tomamos de las manos
& comemos juntos pizza grasosa
durante estos pequeños respiros
antes de que el lunes llegue como un puño.

IX

GLORIA

Entre nosotros & la liberación

mierda
olvida la liberación
¿me pueden dar un vaso
de agua sin plomo?

Escargot

cuéntame una historia de tierra
& rocíala con mantequilla. para hacer que la boca
se estremezca. querido caracol, solíamos compartir
la misma tierra. (prometí ser sincero.
recordar de dónde vengo). es decir,
la tierra: cavando agujeros hasta que los gusanos
preguntaron a qué se debía toda esta conmoción.
querido caracol: conociéndote ahora, en París,
eres irreconocible hasta que ya no lo eres.
tienes un suntuoso nombre que alguien me enseñó
a pronunciar. ahora, entiendo la mirada
que los oficiales de admisión me echaron en la adolescencia
cuando llegué a las entrevistas con mi traje demasiado
grande.
calumet city & mis padres & mis compas
sazonando mis historias. no había respeto
en sus ojos, había hambre.

Comiendo en Taco Bell con mexicans

el día que presento a Erika con mis hermanos
le advierto: mis hermanos son extra mexicans.
eso qué significa, pregunta.
le repito: extra mexicans.

cuando salimos, ellos hablan con ella en inglés,
& le preguntan cómo puede amar a alguien tan feo
 como yo
—¿tienes mal aliento? ¿tienes dientes postizos?
¿qué hay de malo en ti? ¿por qué amas a nuestro hermano?

ellos se ríen en español de sus propias bromas.

ellos juegan Mario Kart & cantan las de Bad Bunny,
ellos dicen que están quebrados & culpan al capitalismo.
ellos dicen que están solteros & culpan al capitalismo.
ellos dicen que están enamorados & culpan al capitalismo.

ellos le preguntan a Erika si tiene hambre & le dicen que
 tiene suerte.
Erika asiente. ella me besa en la mejilla en un idioma
que no necesita traducción. ella apunta hacia mí
& dice él es el afortunado. mis hermanos se ríen

porque ella habla su idioma de bromas tontas.
ellos prometen llevarla a un gran lugar mexicano
—el lugar mexicano que los mexicans tratan de mantener
como un secreto comunitario. entonces, la llevan a Taco Bell.

Tal vez dios es mexican

siempre había quince botes de crema en nuestro refri
& ninguno tenía crema. de alguna forma,
mi mamá siempre sabía cuál tenía guacamole,
& cuál tenía salsa roja
& cuál tenía sobras de frijoles.

dios mío, cada año rezábamos por más dinero.
quiero imaginar que aquellas plegarias
eran como los botes de crema en nuestro refri
—tal vez dios es mexican después de todo
—nunca obtuvimos dinero de nuestras oraciones de dinero.

lo que obteníamos eran más botes de crema. algunos con
bistec & algunos con nopales. algunos con fruta picada
si era verano. tal vez deberíamos estar agradecidos
por las oraciones que nos pudimos comer, o tal vez dios
debería dejar de hacernos bromas todo el tiempo.

Es verdad

a la manera de Thomas,
escuela primaria de Orchard Villa, cuarto grado

dios también me bendijo con una boca
aunque mi mamá debatiría
que es sólo una bendición cuando se pone a orar. dios mío,
cuando digo protege a mi familia, ¿sólo
escuchas los pequeños sonidos de tenedores repiqueteando,
pollos luchando antes de que les quiten la piel
& los manden a mi mercado local? dios mío,
si pudiera escuchar lo que tú escuchas, ¿usaría
mi boca con más cuidado,
o echaría—beso del chef—sal al aire
con todos mis peligrosos deseos?

La hora del despecho en Casa Azul Restaurante y Cantina

para Aracely

despecho rima con espejo
—traducción: mis carnales podrían ser
mis gemelos si
no fueran tan feos.
remix: si no fuera tan feo
no me parecería tanto a mis hermanos.

déjenme intentarlo de nuevo:
ésta va por mi familia
incrustada en el bar pidiendo shots
hasta que el techo se cae & aparece
la luna. perdón por traerles
la noticia: puedes cantar todo lo que quieras,
comadre, puedes tener al mismísimo Chente
cantando en tu nombre—ella se fue.
traducción: todo lo que queda es
llorar & llorar.

una vez más
para aquellos que todavía no la cachan:
es esa hora de la noche donde todo lo que tienes
es tu dolor más grande & todos sus sobrenombres.
nuestro cantinero es de Guatemala.
nos dice que el español es su segunda lengua.
la primera es el ixil.
en todo el estado de Iowa
¿cuánta gente habla ixil?
pregunta:

¿es despecho la música que interpreta
cuando saca borrachos del bar
& es despecho lo que suena parecido
a cuando cruzas un país extraño
sólo para aterrizar en otro & descubrir
que todas las palabras que tienes para el amor
son extrañas & desconocidas?

Poema de esperanza a la Cal City

dios mío, estoy tratando de escribir contra la desesperanza,
pero lo mejor que puedo escribir es que la desesperanza es
aburrida.
cada película de Hollywood está enamorada del final
—Will Smith & Sofía Vergara caminando en cámara lenta
en un mundo lleno de escombros. apocalipsis ahora
apocalipsis
mañana. ¿quién decidió que la cámara lenta era más
dramática?
en calumet city, el apocalipsis era lento hasta que dejó
de serlo.
las plantas acereras abrieron hasta que dejaron de hacerlo.
los bancos salivando
sobre nuestras casas antes de que le entendiéramos a los
documentos.
adiós adiós a la casa donde crecí. nota para Hollywood:
los finales son chingadamente aburridos. así es como se ven:
un montón de papeleo. un bostezo de devastación.
si sólo me moviera con base en los hechos, ya me hubiera
rendido
ante el suelo. nunca habría nacido.
sé lo que los periódicos escriben en nuestros obituarios
cada día:
déjenlos gastar tinta con nuestra muerte:
nunca estuvimos destinados a sobrevivir,
pero lo hicimos & lo seguiremos haciendo.

Mexican Heaven

los mexicans le dicen no gracias al cielo
—a sus prados & jardines sin fin
—a sus mansiones con cuartos infinitos.
de seguro ese era el cielo para algunos,
pero ¿quién va a limpiar todos esos baños?

X

GLORIA

Perder

aceras bordeadas por ramas
que destellan capullos escarlatas & quiero
saber si es verdad—mi abuela

bajo tierra un par de años—
¿es el tiempo suficiente? ¿es su lápiz labial
lo que ruboriza los botones de los árboles?

¿o estoy tratando de olvidar
la única lección que debemos aprender?:
la primera pérdida no es la última pérdida

& una vez que las pérdidas comienzan
nunca se detendrán
hasta que se hayan llevado todo.

Inspiración

las primeras flores de cerezo del año
sólo están tratando de tomar algo de sol
& aquí vienes tú, el poeta, haciendo grandes
proclamaciones sobre el ciclo de la vida,
diciendo un enredo salvaje & trillado como
LA NATURALEZA ESTÁ SANANDO
—la naturaleza se toma un día para la salud mental
al igual que tú. el invierno es largo
& los humanos no son las únicas criaturas
que sufren de soledad.

Camino hacia el océano

& me visto con el agua.
alabo la ropa que forma
olas debajo del cuerpo & te permite
llevar el océano alrededor de tu cintura. ¿por qué
alabar una ropa que está fuera de mi alcance?
una vez una amante me llamó hermoso
& me besó tan suave que podrías
plantar semillas en mi cuerpo. solíamos sentarnos junto
    al océano
& hablar hasta que el agua era suficientemente clara
para ver nuestro verdadero yo.

Rosas & azucenas

las flores ya cuelgan
en un brote que no puede prolongarse.
lo que es bello es transitorio,
pero también lo que es feo.
es importante recordar
que las flores que se marchitan
no deshacen el capullo.

en mi corazón, riego las rosas.
riego las azucenas. como en el juego
del whack-a-mole, tratando de seguir con vida.
es invierno & no me refiero a allá afuera.

La justicia es para los vivos

los muertos no pueden obtener justicia,
así como ya no pueden levantarse,
no pueden besar a sus hijas ni pinchar a un amante
en la pared. no pueden pinchar ni pintar ni opinar
ni palmear una pelota de básquetbol. los muertos
no obtienen justicia. los muertos
no obtienen nada. los muertos ya dieron suficiente.
los vivos todavía piden. bendiciones. justicia.
los vivos aplauden de júbilo. ellos bailan,
pero los muertos no se les unen. los vivos piensan
que los muertos están complacidos con nuestro trabajo.
    nuestra lucha.
pero los muertos saben algo que los vivos olvidan:
el único placer que existe en nuestro planeta
es el placer de un respiro más.

Mexican Heaven

olvida el cielo & sus promesas de oro
—todo lo que hacemos en este planeta
tiene un propósito. cada poema, cada acto
de fotosíntesis, cada protesta. si el cielo
es real, entonces sus puertas están cerradas para nosotros.
    tal vez
el cielo es sólo un museo de toda la vida
que hemos extinguido. somos máquinas de la muerte
construyendo máquinas de la muerte. en la vida
no servimos para detener la muerte. en la muerte, llegamos
a la casa de dios—sólo para encontrar a dios torturando
    muñecas.
queríamos ser hechos a imagen & semejanza de dios
    —imaginamos
oro & no la fundición que el oro necesita.

XI

GLORIA

No más mexicans tristes

¿dónde están todos los mexicans que no van al cielo?

díganles que se traigan sus Dickies & sus chanclas & sus rosarios & todos sus corazones rotos & a todxs sus primos & primas & primxs. díganles que dejen sus banderas & se traigan un six pack o algo para echar a la parrilla.

todos los mexicans tristes están en el trabajo para que nos sintamos orgullosos. están lavando platos o conduciendo camiones a lo largo del país o hablando mierda en alguna construcción. (¿qué hay de esos mexicans que trabajan como oficiales de policía?). (que se vayan a la verga).

disculpas para todos los mexicans tristes que he conocido & para todos los mexicans tristes que he sido. pero no puedo escribir otro poema en el que vamos a trabajar a la planta acerera por veinte años seguidos sin días libres sólo para ser despedidos un miércoles por un hombre que tiene más bigote que cara.

ésta va por mi compa Josefo que nunca pone una canción lanzada después de 1988. díganle al güey de Javier que puede venir, pero si lo echan del bar, está por su cuenta. díganle a Danny que no tiene permiso para hablar sobre capitalismo por veinticuatro horas. incluso mi mamá está jugando a voltear el vaso & tomándose unos shots. díganle a dios que está invitado, pero sólo si deja de ser tan santurrón. nosotros ya lo logramos. nos trajiste a este mundo & ya como sea, compa. contratamos a un taquero por las próximas horas & te prometo que sus tacos de asada son los mejores tacos del sur de Sibley

Blvd. si no sabes dónde queda Sibley, diles a Nate & a Eve que te den un tour por el lado sur empezando por Cal City.

Taron me echó un phone & me dijo que todos los compas de Cal City están cansados de leer poemas donde nos embargan nuestras casas. Taron dijo, cuéntales de la noche en la que bebimos Incredible Hulks en un bar de sótano en Hammond & bailamos & sudamos hasta que el sol nos maldijo.

sigo escribiendo poemas que empiezan cuando ya están marchitos.

que viven en la marchitez.

borrando el capullo.

ésta es por el día que sobrevivimos. ésta es por la oscuridad que convertimos en una pista de baile. ésta es por toda la tristeza que cargamos & los compas que nos ayudaron a cargarla. la carga sólo se hacía más pesada. por lo tanto: la ley de la física nos obliga a amar más. celebrar con más ruido.

¿te sabes el chiste de los mexicans llorando? (¿cuál es ese?).

¿cuándo sabes que un mexican está a punto de llorar? (¿cuándo?).

cuando hace un chiste. (jaja).

Mexican Heaven

cuando mi tío llegó al cielo
me escribió un texto & me dijo que la fiesta estaba aburrida.
no había mariachis ni baile. sino esmoquins & vestidos de
  noche.
caderas como bisagras oxidadas. *¿No pusieron La Chona?*
tiesos como La Llorona. él prometió que aun así iba a
  estar bien.
sus compas estaban robando alcohol detrás de la barra.
mi abuelita tenía tuppers llenos de comida escondidos
en sus alas. ellos estaban abandonando el cielo.
dijeron que incluso muertos tenían que migrar jaja.
no te agüites, Lupito. encontramos un sitio entre
el cielo & el infierno. Gloria Anzaldúa está ahí
alabando a Nepantla jaja. Pedro Pietri dijo que dejaran
de robarse sus poemas. dijo que estaba bromeando jaja.
mire mijo, encontramos un lugar donde podemos ser
bellos. espera. tu papá Miguel dijo
siempre hemos sido bellos. él dice,
no eres el único poeta en la familia. jaja.

Otro poema sobre Harlem

los pájaros vuelven a parlotear. un año ya
de esta nueva pandemia & recuerdo
cómo me sobresaltó el silencio de Harlem.
se fueron los jugadores de dados. se fueron

las fiestas de brunch en el Angel de Harlem.
se fueron las charlas de los niños saliendo de la escuela.
por semanas (¿o fueron meses?)
los únicos sonidos que escuché

desde mi ventana eran sirenas & pájaros.
ay dios, rezo que haya más pájaros esta primavera.

Ojalá: amor propio

suenan canciones viejitas en las bocinas
& mi amor duerme en el sofá.
todos mis tíos se levantan de sus tumbas
o de los bares de sótano
—todos esos años en los que solían cantar
las más tristes canciones:
no era un duelo.
era una purificación.

Hasta los codos

terminando con una línea de Shakespeare

con las manos en un fregadero
hasta los codos
tapado con agua gris
arroz húmedo maíz pastoso
en el otro cuarto
lees Twitter & me mandas
tus chistes favoritos

entonces esto es el amor
le pregunto al puñado de asquerosa mugre
en mi mano como
si fuera una calavera de Shakespeare
& la calavera dice
no hay nada bueno ni malo
el amor lo hace parecer así

Impugnación

(por Erika Stallings, a la manera de José Olivarez)

Los sonidos del NBA 2K se cuelan hasta mi oficina
y te escucho decir "Juega un poco a la defensa, bro.
¿Qué estás haciendo?".
La gente dice que el amor es una cena elegante, diamantes y
lencería
pero esto también es amor.

Shelter Island

frígidas son las ramas de los árboles negros que se abren paso
hacia una noche aun más negra. perdidos están los faroles
que adornan
cada metro de Nueva York. fría es tu mano en mi mano
& sí, yo soy un hombre, & tú una mujer. mi naturaleza
no es diferente a los bosques que nos rodean. el cielo en mi
naturaleza
iluminado por linternas en el rostro de los animales. mi
propio rostro inflamable.
el temperamento de mi padre. mi excusa barata. sí,
es la noche antes de que el no. 45 tome protesta como
presidente,
& sí, dejamos la ciudad, & dejaríamos el planeta también.
tomas mi mano & caminamos hacia los dientes de la hora
armados uno con el otro. frío hasta los huesos es el mundo
que dejamos atrás.
cuando nos tomamos de las manos, inventamos una nave
espacial.

Casémonos

para Alison & Nate, con motivo de su boda,
& por siempre para Erika

casémonos un martes
con una orden de seis alitas de pollo de Harold's como testigo.
casémonos al mediodía & otra vez a las tres & media
cuando la jornada escolar termine & una manzana entera
de dientes de león florezca en nuestra ceremonia.
casémonos bajo la luna llena & otra vez
bajo la luna nueva, para que cada ser celestial
pueda presenciar nuestros votos. amor, una boda
no es suficiente para mí. quiero proponértelo
una & otra vez. en un miércoles porque
lavaste los platos. en un jueves porque
de nuevo nos despertamos al lado del otro. di que sí.
dímelo a mí. estaré en una rodilla pidiéndote
que compartas el placer de conocernos el uno al otro.
casémonos por Chicago. porque
St. Louis es una ciudad en el mapa. porque tu nombre
es mi palabra favorita. casémonos porque
hay votos que sólo podemos hacer a oscuras.
porque no necesitamos testigos para decir acepto.
casémonos porque está lloviendo
& se supone que es de buena suerte. my love,
my heaven, my life, casémonos
en cada idioma que podemos & no podemos hablar.
bajo cada dios. por dios, la forma en que
me miras es un milagro en el que creo. porque
tenemos una vida. una. di que sí. luego, di que sí
otra vez. casémonos después de casarnos

porque debajo de cada palabra que escribo
hay una palabra que grabo en cada escritorio,
una palabra que rayo en cada edificio en cada cuadra
de mi corazón. cásate conmigo: hazme (no, no completo),
sino un poco más vivo de lo que alguna vez he estado.

Por cierto: el cielo está bien chido

(por Pedro Olivarez, por mensaje de texto a José Olivarez)

3

PO

Pedro

¿En qué has estado?

He intentado leer más poemas

La poesía está bien chida

Ahora pienso cosas diferentes

Por ejemplo, esta mañana, las nubes
no se despejaron de camino a mi trabajo,
el cielo se rompió y se abrió

Y ayer el sol no se vino para
abajo, el cielo se bebió el último cachito de
luz que el día pudo ofrecer

Por cierto: el cielo está bien chido

Text Message

okay | yay | nah

AGRADECIMIENTOS

Si llegaste hasta aquí & sigues aquí, gracias. Gracias por leer & compartir. La poesía es comunal. Quizás yo empiece el poema, pero tú lo terminas. Dondequiera que estés, gracias.

Gracias a mi mamá, María Olivarez Plascencia, & a mi papá, Pedro Olivarez. Ustedes hacen todo esto posible. Aplausos para mis hermanos: Pedro Olivarez Jr., Rubén Olivarez & Daniel Olivarez. Todos ustedes son graciosísimos & cariñosos, & tengo la bendición de estar relacionado con ustedes.

Gracias a todos mis amigxs & compas. Aplausos para Calumet City. Aplausos para Chicago. Mi gratitud, en particular, a Nate Marshall, Eve Ewing, Fatimah Asghar, Diamond Sharp, Javier Zamora, Joseph Rios, Britteney Black Rose Kapri, Raych Jackson, Julissa Arce, Cortney Lamar Charleston, Ruani Ribe, Lamar Appiagyei-Smith, Araba Appiagyei-Smith, Eloisa Amezcua, Alison Rollins, Sentrock, & Ydalmi Noriega. Aplausos para los Bucket Boyz. Aplausos para todos lxs poetas cuya obra & amistad me han inspirado. Aplausos para todxs esxs escritores de basquetbol cuyas palabras & podcasts me acompañan en mis viajes en carretera. Aplausos para todxs mis primxs. Gracias a la junta editorial de Haymarket. Soy afortunado de trabajar con ustedes & sentarme en su genio de vez en cuando. Sus nombres están grabados en mi corazón.

Gracias a mis maravillosas & brillantes agentes: Aemilia Phillips & Mackenzie Brady Watson. Gracias a Retha Powers, Natalia Ruiz, Clarissa Long, Arriel Vinson, Laura Flavin & a todxs en Henry Holt and Company por creer en mi escritura & hacer este salto de fe conmigo. Gracias a Elishia Merricks & a todxs en Macmillan Audio. Para ustedes, todas las flores.

Gracias, David Ruano González, por tus traducciones & colaboración. Hermano, para ti no tengo palabras. Eres el mero mero. Colaborar contigo es un gusto. Gracias por estar conmigo a cada paso.

Mi gratitud nuevamente para todxs lxs siguientes visionarixs que me ayudaron a darle forma a este libro desde los primeros borradores: Nate Marshall, Yumiko Gonzalez Rios, Eloisa Amezcua, Nicole Counts, Aemilia Phillips & Mackenzie Brady Watson.

Todo mi amor a Kate Baer, Nate Marshall, Javier Zamora, Shea Serrano & Fatimah Asghar que ofrecieron palabras de elogio para *Promesas de oro*. Todxs ustedes son mis héroes. Para mí significa el mundo que sean parte de esto.

Gracias a todas las instituciones que han apoyado mi escritura los últimos años: la Poetry Foundation, el American Program Bureau & Costura Creative. Gracias a todas las escuelas, los centros comunitarios & las empresas que me han llevado para hacer lecturas, enseñar & escribir.

Erika Stallings: mi amor, mi vida, mi corazón. Pasaré el resto de mi vida escribiendo & reescribiendo poemas de amor para ti. Haces que cada día sea gozoso. Haces que cada día sea radiante. Te amo.

Agradecimientos

Gracias a lxs editores de las siguientes publicaciones por publicar estos poemas en sus versiones previas:

Teen Vogue: "Tradition"
The Atlantic: "Ode to Tortillas"
Poetry: "Nation of Domination", "Wherever I'm at That Land Is Chicago", "February & My Love Is in Another State", "Ars Poetica", "Moonshine", "Despecho Hour at the Casa Azul Restaurante y Cantina", "Shelter Island"
Specter Magazine: "Bulls vs. Suns, 1993"
The Quarantine Times: "It's Only Day Whatever of the Quarantine & I'm Already Daydreaming About Robbing Rich People"
WordSmiths Vol. 4: "Canelo Álvarez Is the Champ"
Poets.org's *Poem-A-Day*: "Poem Where No One Is Deported", "Now I'm Bologna"
Chicago Reader: "Mercedes Says She Prefers the Word 'Discoteca' to the Word 'Club'"
Museum of Modern Art Magazine: "United Enemies"
Underbelly: "Perder"
The Wall Street Journal: "I Walk into the Ocean"
Huizache: Poetry Is Not Therapy", "No More Sad Mexicans"
The Rumpus: "Upward Mobility"

Esta va por Calumet City & por todxs aquellxs que alguna vez compraron en el River Oaks Mall.

SOBRE EL AUTOR

José Olivarez es hijo de inmigrantes mexicanos. Su primer libro de poemas, *Citizen Illegal*, fue finalista del PEN/Jean Stein Award y uno de los ganadores del Chicago Review of Books Poetry Prize en 2018. También fue nombrado uno de los mejores libros de 2018 por *Adroit Journal*, NPR y la New York Public Library. Junto a Felicia Chavez y Willie Perdomo, Olivarez coeditó la antología poética *The BreakBeat Poets Vol. 4: LatiNext*. Es copresentador del podcast de poesía *The Poetry Gods*.

SOBRE EL TRADUCTOR

David Ruano González es un poeta, traductor y gestor cultural que radica en la Ciudad de México. Fue becario de la Fundación para las Letras Mexicanas en el área de poesía en el periodo 2014–2015. En 2019 fundó Melancholy of Forgotten Tapes, una disquera-editorial independiente que publica libros de poesía acompañados de elementos sonoros en formato cassette, cuya primera publicación fue el libro *Mixtape*, de su propia autoría. Actualmente es parte de la organización del Lit & Luz Festival de MAKE Literary Productions. Publica sus propias traducciones en su blog personal medoriorules .medium.com.

Praise for *Promise*

A USA Today *Book*

"Glistening . . . . Olivarez elevates small but notable moments through a sensitive, introspective speaker who must learn tough lessons on the streets of Calumet City. . . . Bilingual readers will enjoy flipping back and forth to see how the prism of each poem changes its hue in the light of another language."

—***Booklist*** (starred review)

"*Promises of Gold* is a uniquely bilingual celebration of life and the mundane. . . . While inspired by Olivarez's distinctly second-generation Mexican immigrant experiences, *Promises of Gold* expresses themes of hope, dreams, family, and friendship that can apply to anyone, regardless of their background."

—***The Harvard Crimson***

"The best part about reading Olivarez's work is that his language is cordial toward the reader. He is one of the few poets who use accessible language, and everyone regardless of educational background can enjoy his poems."

—**Newcity Lit**

"Details grounded in the everyday world capture great fulfillment. . . . The poet's sensitive and insightful voice allows these stirring poems to successfully explore the forces acting on love in a complex world, and the unshakable promise of understanding and belonging."

—***Publishers Weekly*** (starred review)

"Out of Calumet City, weighing in at around 160 plus *Promises of Gold*, in both English *and* Spanish, the one that's poly with his tortillas, the masterfully playful, the uniquely imaginative, the one that bets everything he has on his people, the one, the only, José Olivarez is the undisputed Mexican champ. The cypher that straddles between dólares and dolores, this quintessential second collection has put Olivarez at the forefront

of not only first-generation poetics, but of all poetry. This one here is for us—the ones who hide garden shears in their poems."

—**Javier Zamora**, author of the *New York Times* bestselling memoir *Solito*

"The truth is: technically, I don't understand poetry. I never have. I miss everything in it. It's a language I can't process. And, for me anyway, that's what makes José special. Because when he writes poetry, I don't need to understand it—at least, not in the traditional sense—because I FEEL it. I feel his words under my fingertips like velvet."

—**Shea Serrano**, bestselling author of *Hip-Hop (And Other Things)*

"Visceral and moving."

—**Kate Baer**, #1 *New York Times* bestselling author of *What Kind of Woman*

"*Promises of Gold* is a heartfelt and hilarious series of odes to the large and small joys of life. It is also a battle rap and a clapback to all the death-making institutions we live under at every level. . . . This is a collection that delights in the softness of every kind of love, from familial to homie to culinary to romantic. But this is also a book that is hard on colonizers, and cruel billionaires, and capitalist exploitation. This book shines bright as the gold that got us into all this colonial mess."

—**Nate Marshall**, author of *Finna*

"This book pushes us to think beyond love as we've known it, as the overly romantic, always lighthearted love that's been sold to us for generations. Instead, it shows us a map into loving at the end of the world, in isolation, in fear, when our backs are cornered to the wall. And still then, Olivarez chooses to love, to hope, to dream."

—**Fatimah Asghar**, author of *When We Were Sisters*

PROMISES OF GOLD

Also by José Olivarez

Citizen Illegal

PROMISES OF GOLD

JOSÉ OLIVAREZ

A Holt Paperback
Henry Holt and Company
New York

Holt Paperbacks
Henry Holt and Company
Publishers since 1866
120 Broadway
New York, New York 10271
www.henryholt.com

A Holt Paperback® and H® are registered trademarks of
Macmillan Publishing Group, LLC.

Distributed in Canada by Raincoast Book Distribution Limited

The Library of Congress has cataloged the hardcover edition as follows:

Names: Olivarez, José, author. | Ruano González, David, translator. | Olivarez, José. Promises of gold. | Olivarez, José. Promises of gold. Spanish.
Title: Promises of gold = Promesas de oro / José Olivarez ; traducción del inglés de David Ruano González.
Other titles: Promesas de oro
Description: First edition. | New York : Henry Holt and Company, 2023. | Poetry collection in English and translation into Spanish, bound tête-bêche.
Identifiers: LCCN 2022047763 (print) | LCCN 2022047764 (ebook) | ISBN 9781250878496 (hardcover) | ISBN 9781250878489 (ebook)
Subjects: LCSH: Olivarez, José—Translations into Spanish. | LCGFT: Poetry.
Classification: LCC PS3615.L576 P7618 2023 (print) |
LCC PS3615.L576 (ebook) | DDC 811/.6—dc23/eng/20221003
LC record available at https://lccn.loc.gov/2022047763
LC ebook record available at https://lccn.loc.gov/2022047764

ISBN 9781250878472 (trade paperback)

Originally published in hardcover in 2023 by Henry Holt and Company

First Holt Paperbacks Edition 2024

Designed by Meryl Sussman Levavi

Printed in the United States of America

1 3 5 7 9 10 8 6 4 2

For my brothers. For Erika.

I was raised on rap music
I'ma need some healing

—Big Pooh

Yo sé perder
Yo sé perder

—Vicente Fernández

CONTENTS

III. GOLD

IV. UNTRANSLATABLE

V. RECEDING

VI. OJALÁ OJALÁ OJALÁ

VII. GOD

VIII. BEFORE MONDAY ARRIVES LIKE A FIST

XI. GLORY

AUTHOR'S NOTE

Despite my best efforts, I am who I am. I am learning to embrace that. When I started writing this book, I was obsessed with the idea of friendship. I noticed that so much of my attention & my friends' attention were pulled toward the romantic. How many bad lovers have gotten poems? How many crushes? No disrespect to romantic love. I'm Mexican—there's nothing I love more than some good chisme. But what about our friends? Those homies who show up when the romance ends to help you heal your heart. Those homies who are there all along—cheering for us & reminding us that love is abundant. I dreamed of writing a book of love poems for the homies.

But because I am who I am & because we live in the world that we live in, I wrote this instead.

Promises of Gold is what happens when you try to write a book of love poems for the homies amid a global pandemic that has laid bare all the *other* pandemics that we've been living through our whole lives. Capitalism is a pandemic. The police state is a pandemic. Colonialism is a pandemic. Toxic masculinity is a pandemic. I wrote this book while living eight hundred miles away from my family. During our time apart, both my mom & my dad contracted coronavirus. I thought I would

never see them alive again. Those fears animate this collection as much as love does.

I wish I could have written you a straightforward book of love poems. I wish healing was as easy as putting a Band-Aid over a wound & watching it close. If I wrote that book, I'd be ignoring all the contradictions & messiness of the world we live in, all the ways in which love is complicated by forces larger than our hearts. I choose to bring the world & its chaos into these poems.

& because I am who I am, I attempted over & over to wield these poems into a reflection of the world I want to live in. To what extent I succeed & fail, I'll leave to you. I don't have the answers for machismo. I know I still have to learn & unlearn some things about how I sabotage myself. I don't have the answers for how to overthrow capitalism. I don't know the best ways to wrestle with the legacy of colonialism. There are family wounds I will always tend to. *Promises of Gold* is written to replicate the struggle of loving & learning & growing. It is not linear.

Promises of Gold is split into eleven sections. These sections are meant to replicate waves. This is not a twelve-step program to overcoming your toxic masculinity & your father's toxic masculinity. These are not the seven stages of grief. Each wave is an attempt to sort through the grief & wonder of modern life. Like you, I am still struggling with questions I may never be able to answer. The poems in each wave are linked thematically or by image. Some waves rise toward redemption. Others are undercut. Some of those sections carry the titles "Gold," "God," & "Glory"—those of you who study history might recall that gold, god, & glory were the impetus for

Spanish colonization of present-day Latin America. Here, I try to use a colonial infrastructure to practice an undoing of colonial harm. What is gold to us? What is holy to us? Where do we find glory?

The book is called ***Promises of Gold*** because a promise is an attempt. A promise made isn't always a promise kept. ***Promises of Gold*** also echoes the promises of the American Dream &, I hope, hints at some of the loss in the poems.

My hope is that my attempts to write toward healing & love might resonate with your own attempts. That they might lead you to ask your own questions. I don't trust answers. Too many answers attempt to be definitive when we live in a changing world. I know it's more important to move toward justice than to stand resolutely in whatever answers feel good to us. Eduardo Galeano wrote: "Utopia is on the horizon. I move two steps closer; it moves two steps further away. I walk another ten steps and the horizon runs ten steps further away. As much as I may walk, I'll never reach it. So what's the point of utopia? The point is this: to keep walking."

I offer these steps to the ancestors who have walked before me & those who will walk afterward.

Con cariño,

José

TRANSLATOR'S NOTE

I met José Olivarez in person during his first visit to Mexico in March 2019, when he was a main guest at the Lit & Luz Festival, an event of MAKE Literary Productions, which I started to work with that year. As part of his presentation, José sent me a selection of poems that he would read during his stay in Mexico City, and I translated them into Spanish. The first poem of this selection was "Mexican American Disambiguation," from his first book, ***Citizen Illegal***, which says the following:

> my parents are Mexican who are not
> to be confused with Mexicans still living
> in México. those Mexicans call themselves
> mexicanos.

If translation is to put the words from one language into another, the logic says that each time José Olivarez uses the word "Mexicans," my work as a translator is to write "mexicanos." However, at the end of that extract the same word appears in Spanish, creating a game between languages, so a translation that would say "Aquellos mexicanos se llaman a sí mismos

/ mexicanos" would lose all sense. One solution could be to put the last word in italics and add a footnote explaining "In Spanish in the original," a solution that I didn't like because it interrupts the rhythm of the reading and the wordplay is lost.

Thinking about other possible solutions, and after reading the poem over and over, I saw that the author was giving me the answer: the Mexicans who live in Mexico are *mexicanos*, and the Mexicans who live in the US are *mexicans*. So, the final translation was:

> mis padres son mexicans, que no deben
> ser confundidos con los mexicanos que todavía viven
> en México. ellos se llaman a sí mismos
> mexicanos.

One of the hurts of any migrant is that their life is destined to be marked with differences. In the poem, José Olivarez says that even among Mexicans we like to mark that difference, between who lives *here* and who lives *there*. According to the poem, José's parents lost the right to be named *mexicanos* by the simple act of migrating. In the biblical tradition, Abram became Abraham after entering a pact with God and he won a letter "h" in the middle of his name. In the case of the Olivarez family, and many others, the pact with the birthland was broken and, for that reason, they lost an "o" in their demonym; at the moment of arrival in Chicago they became *mexicans*.

Now that I have the opportunity to translate the poems for this book, the decision that I made in 2019 is reaffirmed, because in the poem "Ode to Tortillas," José says:

there's two ways to be a Mexican writer that are true
& tested. you can write about migration
or you can write about migration.
(can you be a Mexican writer if you never migrated?
if your family never migrated?)

This in my translation:

hay dos maneras de ser un escritor mexican que son verdaderas
& comprobadas. puedes escribir sobre migración
o puedes escribir sobre migración.
(¿puedes ser un escritor mexican si nunca migraste?
¿si tu familia nunca migró?)

The experiences José Olivarez recounts in his poetic work, seen from my position as a mexicano who lives in Mexico, are the experiences of a Mexican, not a mexicano. Certainly, there is a lot of literature produced in Mexico, above all in the border states, that talks about migration, but this topic isn't something that unites all writers from Mexico. Instead, migration is a topic that characterizes the literature produced by Mexicans.

If this difference is the start of segregation between Mexicans and mexicanos, political correctness says that segregation must be stopped, and the best moment is always now. But the difference exists. We must name the difference because only what is named exists. What exists and isn't named hides waiting for an opportunity to harm. This pact broken with the native land, with the parents' land, symbolized by the absence of the

letter "o" in the demonym, is a loss that hurts. Before we can attempt to heal this hurt, we need to name it through the word. "Poetry is not therapy," José Olivarez says, "but that doesn't mean i didn't try it."

This doesn't mean that there aren't similarities between Mexicans and mexicanos. In fact, this translation choice isn't definitive, since it is not present in the first poem of the book, "Tradition," or in "Canelo Álvarez Is the Champ," "Most," or "Ars Poetica." Sometimes the border between *Mexicans* and *mexicanos* is fuzzy. I think there are more similarities than differences between the two, and we must say so. The poet mentions one of them in his note; I mean "chisme," gossip. Also, when José Olivarez writes about his mother, I often feel like I'm reading a description of mine; when he writes about his father's difficulty in expressing emotions, it feels like I'm reading about my own father. I also feel like José Olivarez in his fight against classism, in his questions about God, in the absence of money during his childhood, in friendship, and so on.

A common saying between translators is "Translation is a treason"; I would add that translation is a decision too. This note is a brief commentary on some decisions I made to be as true as possible to José Olivarez's intentions and to the Spanish language, with which I communicate. When he says something related to the word *fuck*, for me the word *chingar* and its derivatives are the equivalent, and not the Peninsular *joder*; his *homie* is my *compa*; his *dude* is my *güey*. And that is what you'll find in this translation: the experiences of a Mexican from Chicago turned into the Spanish of a Mexicano who lives in Mexico.

For that reason, I want to explain another decision too, a

political one. In the poem "American Tragedy," I've translated the title as "Tragedia estadounidense," and each time the word "America" is used to name a country (except in "American dream" because "sueño americano" is a colloquialism in Spanish too), I've decided to say "Estados Unidos." Why? Because America is a continent, not a country. The territory that goes from the Canadian Northwest to Patagonia is America. From Mexico to the south we are not merely "Latin America." I need to say this because when somebody uses the word "America" to mean the United States, they are omitting millions of people, thousands of miles of territory, countless cultures and languages. America is more than the USA. Many times this kind of reductionism leads to oppression; for example, "Make America Great Again" is a white supremacy slogan that erases people who don't meet certain standards, even if those people don't live in the United States. But we can't condemn José Olivarez because he used the word "America" to mean the United States, because he hit back by saying "America is toxic."

Finally, I need to be grateful. I'm forever grateful to José Olivarez for inviting me to translate this amazing book, and to all the members of the Henry Holt and Company team, who have given me their support. I want to say thank you to Robin Myers, Kit Schluter, and Julia Sanches for their advice. A special note to my family. And I need to acknowledge Sarah Dodson, who has made an effort to create cultural bridges between the USA and Mexico through the Lit & Luz Festival. This translation is a result of her work too.

David Ruano González

I

FOLK TALES

Tradition

the stories say Mexicans grew out of the dirt
same as the cornstalks. of course, we weren't
Mexicans back then. whatever we were was lost—
no, not lost. submerged under empire.
dyed by blood & gunpowder. believe what you want.
maybe we grew out of the dirt. maybe agave
is our sibling. maybe mountains our mother.
the oldest tradition i know is watching
my dad bet money on Mexican boxers
no matter the odds. i don't know about y'all,
but i'm the child of loss & the inheritor of losing.
i'm not complaining though. i know the tradition:
i bet everything i have on my people
& dare the universe to beat us.

Folk

i wasn't fluent in this belonging. my folk
came from southwest of Mississippi & Alabama.
when my classmates said "folk," i thought they meant
"kin," the kind my parents left, so i could leave them
to go to school. is all kin a type of exodus? ask Moses.
the heart has a different answer than history.
we were in Cal City. the only forks we were throwing up
came during food fights. still it felt good to belong
to more than family. to extend family beyond the house.
i said whattup folk to everybody even teachers.
maybe we could redefine kin. i'm saying
i was confused when Darius pulled me in tight
during dap & said "not Folk, Moe." more what?
Darius was my homie. he sat in front of me in Physics.
we shared a dap at the start of class & one before leaving.

Love Poem Beginning with a Yellow Cab

for Erika

i ask you what's the first thing you think about
when you see the color yellow & like a real
new yorker, you say yellow cabs. not sunlight
or a yellow ribbon tied around a vase of fresh begonias.
yellow cabs honking down Broadway. i still remember
the night we first shared a cab. you whispered
honey, whispered lace, whispered chrysanthemum.
all that practice & it turns out, i had never ridden
in a cab the right way. around us the streetlights blurred
into yellow ribbons, & when you put your hand
on my thigh it was like i knew for the first time
why god gave us thighs. why god gave us hands.
maybe god invented yellow for the cabs,
so the first time we touched like this
it could be accented in gold.

Wealth

after Lucille Clifton

wealth. don't talk to me about wealth.
when i got into Harvard my guys joked

it was to mow the lawns. i laughed until
i met my roommates & they offered me

a broom. if i accepted the broom & beat
the cobwebs out of their heads do you think

i'd forget? now i make poems in languages
they can't register. you feel me. in every poem

i hide garden shears. invitations to banquets & they
still don't spell my name right. apologies. when they say

josé, the only people to turn their heads are me
& the janitors. line cooks. waitstaff. yes, landscapers.

josé el poeta y josé the gardener: each of us biting
our tongues. trying to make beauty grow. from soil

covering bones. barely. under the surface.

II

OJALÁ OJALÁ OJALÁ

Ode to Tortillas

there's two ways to be a Mexican writer
that we've discovered so far.

you can be the Mexican writer who writes about tortillas
or you can be the Mexican writer who writes about
    croissants
instead of the tortillas on their plate.

(can you be a Mexican writer if you're allergic to corn?)

there's two ways to be a Mexican writer that are true
& tested. you can write about migration
or you can write about migration.
(can you be a Mexican writer if you never migrated?
if your family never migrated?)

there's two ways to be a Mexican writer. you can translate
from Spanish. or you can translate to Spanish.
or you can refuse to translate altogether.

there's only one wound in the Mexican writer's imagination
& it's the wound of the chancla. it's the wound of birria
being sold out at the taco truck. it's the wound
of too many dolores & not enough dollars. it can be argued
that these are all chanclazos. even death is a chanclazo.

there's only one miracle gifted to Mexicans
& it is the miracle of never running out of cheap beer.
it's the miracle of never running out of bad jokes.

there's infinite ways to eat a tortilla:
made in the ancient ways by hand
& warmed on a comal. made with corn
or with Taco Bell plastic. (what about flour tortillas?)
flour tortillas count if you ask San Antonio.
my people i am poly with the tortillas.
you can eat tortillas with your hands or roll them up
& dip them in caldo like my mom does.
you can eat them with a fork & knife
like my bougie cousins do. (what bougie cousins?)
(i made them up for the purpose of this poem.)
you can eat tortillas in tacos or warmed up
by microwave & drizzled with butter. tortillas
con arroz. tortillas con frijoles. tortillas flipped by hand
or tortillas flipped with a spatula. tortillas with eggs for
breakfast.
tortillas fried & sprinkled with sugar for dessert. hard shell
tortillas. gluten free tortillas for our mixed family. we are still
discovering new ways to fold a tortilla. to cut a tortilla up.
to transform a tortilla into new worlds. to feed each other
with tortillas. my people: if i have children, i will teach them
about tortillas, but i'm sure they'll want McDonald's.

Nation of Domination

my mom hugs me & wants me to stay. i have my foot
on the pedal. a fake gold chain on my neck. i confess
i'm a sucker. i never want magicians to reveal their secrets.
i want to live in the unknowing where everything is possible.
my mom dances with me to Los Bukis. she thinks this makes
me her baby still. perspective is a magic trick. i hit my brother
with the Rock Bottom & i bet you can guess what i leave out.
ask Farooq if you need a hint. the brain is full of magic
i don't understand. no one signs up to take a dive. in wrestling,
there's a team of writers who decide who wins & who loses.
the metaphor is obvious. my mom wasn't born to play the role
of mom, i don't care how many baby dolls she played with.
i dance with my mom to Los Bukis & you're a fool
if you believe it's her son she's trying to hold on to.

In the Dream

my mom unmasks herself & reveals another mask.
chores. Catholic radio sermons. *Sábado Gigante*.
every mask reveals less. whoever my mom is when
she's not dishing chisme is a prayer between her
& someone else. maybe her sisters have seen her
dance with a broom or skip rocks on a lake. maybe
in another country, my mom lies in the sun
with a cigar. i ask her again to tell me what she loves.
we don't speak the same language. even in Spanish.
one of us believes love is a duty. duty being responsibility
& tax. one of us believes the Catholics took the wrong
lesson from Jesus. love as sacrifice. one of us can't stop
thinking about Mary. that was her baby. under one
mask another. like a luchador i'll never know
the one who wears the mask of mom.

Bulls vs. Suns, 1993

for my dad

sitting on your lap watching your eyes
follow the bouncing basketball
& my heart is a hundred basketballs
dribbling mad love for your arms
hugging me, throwing me into the air,
& catching me again after Marv Albert
exclaims *Here's Paxson for three* . . .
Yes! & love is your fists closed
& not fighting for once, your fists
fireworks above your head, fists far
from the leather belt you use to discipline us,
the way you say Paxson with a mouthful of joy,
& my heart shooting a thousand jump shots,
heart running layup drills,
looking for you in the bleachers,
heart loving what you love, damn, my heart
running suicides to be in your heart's hall of fame.

Another Cal City Poem

perhaps all of our love was doomed from the start—
we grew up in houses destined to be evicted, abandoned
then demolished. the city preferred empty lots to people.
i remember the rats big as softballs swarming in the new
rubble. dear god, all endings are boring. let me go
back to the beginning. sitting in Smitty's basement,
we were wealthy with love. we had our homeboys,
a pack of cards, & the same twenty-five-dollar pot we
shuffled
from winner to winner. like all wealth, we couldn't see it.
we dreamed of more. maybe more is the start
of all ruination stories. wanting is as good a cause
of death as any. of course, we went our separate ways.
that's not the point. i still keep a pack of cards
& a five-dollar bill ready for the day
my friends show up unannounced & always welcome.

Ojalá: My Homie

Oscar once saw someone
get jumped for their shoes.
we didn't stop wanting
Jordans. instead, we learned
that if we ever had shoes worth robbing,
it was better to hide them
in our backpacks. dear god,
this is how we learned to be boys:
we kept everything we loved close by
& out of sight.

Upward Mobility

dancing to avoid the fluttering
of roaches, the boy brushes his teeth
with one eye on the sink
& one eye on the bugs
& one eye on his teeth
& one eye on time
& one eye on homework
& one eye on his brothers
& one eye on the future—
years later when his friends joke
about how he has poor people teeth,
his head will shed its skin
to reveal five thousand eyes the size
of cockroach hearts.

Regret or My Dad Says Love

my dad never said regret
but it hung from his lip
like a cigarette. i remember
that night in México, my dad
home with a little bit of money. diaspora
dream boat. in another life, he could have
flirted with the whole bar. in this life,
he was home by midnight.
my baby brother sick on vacation.
to be a dad is to be bossed
at work & bossed at home.
it's easy to daydream about love
when it is a chorus of kisses.
what about when love is a dirty diaper
& a snot nose?
my dad rarely said love,
but he always left the bar.

Black & Mild

in college, some do Adderall, some drink,
some deadlift through the days, some fuck,
some fuck it all up, some do all of the above.

some cope with cookies, some with coke,
some cope with smoke, Febreze, & a towel
under the door. some were healthy, sure,

but i never met them. my love used to stay in her room
until her roommate dragged her to the pub.
my homie Ben used to count down the days

to the end of the semester beginning with day one.
& me? i dabbled a bit, but nostalgia was my drug.
i used to spend my work-study on Black & Milds

at the 7-Eleven. before passing me a cigarette
the very first time, Jeff said the secret to smoking
was to hold the smoke in your mouth & never

your lungs. if i had listened to Jeff i'd understand
something about love & letting go, but i was eight hundred
miles
away from River Oaks inhaling every bit of ash i could hold.

if ash was my destiny,
i wanted to be the ash i loved most.

River Oaks Mall

some joys are this simple:
me & all my boys
gathered at the mall
where we can't afford anything
except chicken tenders & fries—
which happily for us,
is the only thing we want.

III

GOLD

Pedro Explains Magical Realism

nah, i never heard of magical realism,
but i do know this: when i did acid
in the desert, the ancestors came to me—
i mean they're always there, but like,
they let me see them. they let me hear them.
& they told me that all the men in our family
sabotage their relationships using alcohol.
it's like the truth isn't just an idea, it's physical.
like you can choose not to believe in gravity,
but it's still going to hold you down.
that's what it was like: i had been living
with this truth all my life, but now i could feel it.

Chosen

every living thing has a mouth—
potato on my cutting board, it mouths
more sunlight, please. potatoes want
more sunlight. me too, fam. humans
believe we are chosen by our gods,
but what if the gods chose potatoes?
don't laugh. here we go inventing new ways
to kill each other while potatoes sleep.
while potatoes drink sunlight & water
& wiggle their toes in the dirt.

Fathers

it has to hurt—
those basement parties
where even the worm
at the bottom of the bottle
was singing full hearted
about some love they fucked up.

i should apologize—
it's true my dad stopped hugging me,
but i never say the other part:
i stopped hugging him too.

those basement parties
where the men would drink
& then drink some more—
they only sang when they were drunk—
they only hugged when they sang—
they only cried when they hugged—

An Almost Sonnet for My Mom's Almost Life

in the life where my mom never has kids, she doesn't mourn.
she spends her twenties following Marco Antonio Solís show
to show. hands up in surrender. in praise to a different god
than the one she spends Sundays kneeling to now. i love
imagining

her like this: her name *Maria*, *Maria* a name the men curse
to the heavens from Guadalajara to Oaxaca. holy name of the
mother
reborn a mother to none. she babies herself. & maybe some
lucky
men, but only for a minute. oh, i know my mom would
protest

she would be bored without her family & god. my brothers
blasting rap music in the basement. smoke reddening
their eyes. do our bellies of joy give joy to our maker?
reader, i am a parent to nothing. not even a plant.

all i know is those Saturday mornings, i've shared a coffee
with my mom while love songs play on the radio & she stirs
her coffee with her eyes closed dreaming of a life
where her slight smiles are her own & only her own.

Poem with Corpse Flowers & No Corpses

in conversation with
Alan Chazaro & Kim Sousa

Hundreds line up for blooming "corpse flower"
at abandoned East Bay gas station.
—The Mercury News, May 20, 2021

begin with the mourning breath of the corpse
flower. consider what rots might feed the veins.
alternatively: all vanity requires stink.
on the other end of the best steak of your life
is a cow moaning a song of agony.
somewhere there is a producer flipping that cow's
last word into something that can hold a snare drum.
one of the first questions our ancestors had to answer
was what to do with the ones who die.
at some point, they started feeding the dead
back to the ground & naming babies after them.
so when a corpse flower opens up
in an Alameda gas station it's a minor miracle:
not a Warriors game, or a funeral, or a wedding,
but the whole block gathered to watch a flower
remind us of our family—not dead
& not gone—ready to bloom again.

It's Only Day Whatever of the Quarantine & I'm Already Daydreaming About Robbing Rich People

i would like to punch jeff bezos in his stupid face
& i would like healthcare in case my hand bruises
& i would like to live long enough to hug my friends.
to kiss my mom & dad on their foreheads
& not worry about infecting them. i would like to live
long enough to punch jeff bezos in his stupid face again.
is it stupid? stupid or not, i would like to punch it.

❦

what does that solve, you could ask. this isn't a good poem,
you could say. & you're right. it's not a good poem. i don't
have healthcare. i don't have healthcare. i don't have
    healthcare.
there's no way to make that pretty.

❦

but let me try:
when sirens brush by our block,
i see cardinals & blue jays brawling.
their feathers tickle our buildings. all i hope
is the ambulance leaves before my magic trick
unfeathers itself & the sirens become sirens become sirens.

❦

if we stole a billion dollars from jeff bezos,
he wouldn't even notice, so let's steal more.

when sirens brush by our block,
i don't see birds. i see bills. bills & coffins.
& when i see coffins, i see all the debt
that can't be buried with me. how even in death
my name will be a worm in an accountant's spreadsheet.

Poem with a Little Less Aggression

to clarify/ when i am invited/ to the halls of wealth/ bearing the names of murderers/ war propagandists/ union busters/ opioid crisis makers/ i take my seat/ i snap a flick/ i pose with all my teeth showing/ how harmless/ i am.

there is no ethical consumption under capitalism. is something i heard a homie say once. there is no ethical consumption i parroted. watch my mouth & you miss my hands. i cash every check & check my balance & balance my conscience. under capitalism we must all do what we must. there is only one truth under capitalism. says the parrot in the teeth of the fox in the mouth of the bear. the bear wants you to know he suffers too. anxiety & global warming, so watch your judgments. there are no truths under capitalism. i can't help the poor if i'm one of them says the billionaire. i can't help the poor if i'm one of them says the banker signing off on my family's foreclosure. it's true, you know: there is no ethical consumption under capitalism. some truths are useless.

Maybach Music

with a sample from Paul Wall

if the rich want payment, they can get in line—
i'm always going to pay myself first
& second. forgive me, i've been broke.
i've been rent due & payday missing.
that never stopped me from dancing,
hands in the air bouncing to the bass
of my favorite rapper's favorite lies.
let me take that back, i don't know
who lies & who tells the truth,
but on my tongue every rap is a lie.
still i skip the corner store toilet paper
for the triple-ply deluxe rolls. the rich
believe only they deserve soft asses.
i was born past due. born in collections.
Paul Wall says ***open up my mouth & sunlight***
illuminates the dark. i mouth along, but know this:
from my mouth only darkness follows darkness.

Card Declined

after Kim Addonizio

if you ever overdrafted your bank account
on purpose, eaten the penalty so you could eat,
if you ever held your breath while swiping,
bled your tongue while friends talk stocks, stalked
dollar store freezers for discount meals, if you know
how to rice & beans your way through a week,
a month, ever thrown punches at god, considered
stealing, ever followed through, if you jumped
turnstiles, styled yourself wealthy despite a price
tag, if you know you look good, if you "good"
your way through conversations, if you memorized
the questions on food stamp applications,
my people, family to my family, if you ever spent
your last dollar on a blunt to dull the knife
of your own mind/ i love you i can't tell you what's coming

Middle Class in This Mf

(by Pedro Olivarez, via text message to José Olivarez)

Bro, I'm getting recruitment
emails from companies tryna
hire the kid

I'm bout to be MIDDLE CLASS
in this mf

Finna get my teeth
straightened boiiii

Finna get regular check ups at
the doctor boiiiii

Finna get a new prescription
and new glasses and new
contacts boiiii

You ain't never seen nobody be
middle class like me before. I'm
gonna crush it bro. Mid level
sedan, decent watch, dress
shoes, buttoned up gas tank half full

Canelo Álvarez Is the Champ

i don't wake up & thank god for my Mexican breath. another
Mexican day to stretch my Mexican legs. when i open
the door to the shower i don't think it's another border
to cross. i don't brush my Mexican teeth & wonder
about which country i belong to. de aquí y de allá y
mi idioma es mi idioma. every language i speak
is fucked up. todas mis palabras son groserías.
the only word i can successfully translate is the word
for the hot embarrassment of having your card declined
at the end of a date. the only word that's branded
on my bones is the word for laughing so hard
you spit your drink out. it's true i had beans for lunch
    yesterday
& if i had some queso fresco i would have crumbled it
    on top.
i wasn't trying to be Mexican, but i am. & damn, those beans
smacked. cooked straight from a can. i don't think about
migration when i walk across the room. maybe my ancestors
are with me, & if they are, they're probably disappointed
at how bad i am at video games. mijo, pass the controller,
i can hear my grandma say when i lose at 2K again.
    perdóname,
abuelita, but you know this game likes to cheat. all my
    smartest
homies gave up on nationalism years ago. as usual, i'm late.
as usual, i'm lying. Canelo Álvarez walks out during "El Rey"

& the crown is on my head. my mouth is a trumpet. Canelo breaks
Billy Joe Saunders's British face & i'm on my Mexican feet.
con dinero o sin dinero. i'm texting Mexican flag emojis
to all the homies. i know the math. tomorrow Mexico
will be an oppressive nation state, but tonight,
when Canelo yells VIVA MÉXICO, CABRONES, i yell it back.

Bad Mexican Sonnet

sorry to my mom: the best Mexican i know,
whose rosaries are worn down by the reckless
sinning of me & my brothers. sorry to Jesus:
the second best Mexican i know & whose portrait
i used to turn around before watching porn. i'm sorry
to all the Mexicans shaking their heads.
discúlpeme señora, i went to school in English.
blame America. blame our uncles & their Playboys—
their white women stashed under their beds.
shout out to my cousins. thank you for welcoming me
into the club of vale madre. i know i was a good Mexican
when i went to school & finished all my homework & hid
all my hurts, my hollow, my howling, my haunting. my
crown
of thorns bleeding silently like the best Mexicans i know.

Poem Where No One Is Deported

now i like to imagine la migra running
into the sock factory where my mom
& her friends worked. it was all women

who worked there. women who braided
each other's hair during breaks.
women who wore rosaries, & never

had a hair out of place. women who were ready
for cameras or for god, who ended all their sentences
with si dios quiere. as in: the day before

the immigration raid when the rumor
of a raid was passed around like bread
& the women made plans, si dios quiere.

so when the immigration officers arrived
they found boxes of socks & all the women absent.
safe at home. those officers thought

no one was working. they were wrong.
the women would say it was god working.
& it was god, but the god

my mom taught us to fear
was vengeful. he might have wet his thumb
& wiped la migra out of this world like a smudge

on a mirror. this god was the god that woke me up
at 7 a.m. every day for school to let me know

there was food in the fridge for me & my brothers.

i never asked my mom where the food came from,
but she told me anyway: gracias a dios.
gracias al dios de la comida, gracias al dios de las mujeres,

gracias al dios del chisme, who heard all la migra's plans
& whispered them into the right ears
to keep our families safe.

IV

UNTRANSLATABLE

American Tragedy

given your circumstances you become mouthless therefore voiceless therefore your movements require translation given steel i made art objects given art objects the audience made noise the noise was harmless to the state therefore the state reciprocated with grants it did not matter that my art objects were prison bars bent into letters to spell the word ABOLITION it did not matter that my art objects said fuck ronald reagan said all presidents suck the state cannot distinguish between art objects barbed wire & roses are equal to the state the state loves art objects until the art objects are demolition crews outside police headquarters given demolition crews in front of police headquarters the state will murder artists artists don't destroy police therefore the state feeds artists the state allows artists to sit on its lap given the constraints of capitalism given rent due every month given family members in need given insulin prices the artist will accept the lap of the state therefore those proclaiming to speak for the voiceless are being translated by the state therefore a microphone is the state's constant art object like a kaleidoscope it refracts the speaker's voice into the same patriotic nonsense some artists don't know they are being used by the state this makes them better compensated representation doesn't matter for the children being held by the state whatever they say isn't fit for art given applause isn't an option given the exhibit is permanent given its ugliness it's steel its pickled breath unfit for postcard therefore

it is easier to listen to an artist outside detention capable of
spinning the secret into a coin we can share at a dinner party
where everyone will sigh & look contemplatively that's their
part in this american tragedy

Cal City Winter

i wanted to believe that brutality
had a point—those endless mornings
jumping up & down at the bus stop
trying to warm up. i wanted—no,
i needed to believe suffering was honorable.
i needed to believe those February mornings
made July's sunshine silkier.
but it doesn't work like that, does it?
i want to learn what the birds know—
to love a home when it is abundant
& to leave when the love stops.

On the Signing of the North American Free Trade Agreement

Today we have the chance to do what our parents
did before us.

—Bill Clinton, December 8, 1993

to rise before the sun, my mom
has her routine memorized. blindfolded,
she can make coffee punch. to ease

the workload, my mom & her co-workers
gossip. what happened to Doña Cuca?
they tune the radio to the Catholic station

& pray for their children, rarely
their husbands. they sing the song
their parents sung, & grandparents sung

& great-grandparents sung & great-great-
grandparents sung: buscamos dólares
y solo encontramos dolores.

Ojalá: Me & My Guys

need an excuse
to talk. one of them sends me
a mic, so we can play video games.
we make group chat after group chat,
so we can talk about basketball.
we're good at reciting stats, good
at sharing rap songs, good
at cracking jokes. good.
my homies are always good
when i ask & i don't ask enough.

Poetry Is Not Therapy

but that doesn't mean i didn't try it.
god knows in those moments
when it felt like my gut was being wrung
like a wet rag, i wrote bad poem
after bad poem. who cares? healing
wasn't the point. (healing is a capitalist pursuit)
after my grandma died,
i measured everything in distance: eight hundred miles
from my parents. two thousand five hundred miles
from where she was buried. do you understand
what i'm saying? i'll never close
the distance. i wanted the hurting
to stop. to write a poem i could hand
all my friends asking me how i was doing.

how am i doing?

the distance between me
& everyone
i've lost grows by miles
& years.

Before We Got Comfortable Saying Love, We Dapped

we hugged tight, we toasted with too many words—
none of them sweet. like our drinks, we imagined
ourselves stiff, strong, manhattan gold. those nights
we made our hips rhyme with the hips of women
we didn't know how to love. properly or with conviction.
in private, we confessed our fears poorly. skipping
stones on the lake. something about stones & fathers.
under our microscopes, we fried ants & gave them
to our crushes. we pushed & shoved. we laughed.
between us & the men we wanted to become,
there was a boulder. we couldn't move it
with brute strength & so decided it was impossible.
we made up family curses. we blamed the good soil
we were raised in. we hung out with the men
on our side & it wasn't so bad. miserable as we were,
we were never alone & thus resolved we could live
with our failure if all of us stayed here.
where we only touched fists & never for long.

Ojalá: I Hate Heartbreak

& yet i'll never forget
the day after a breakup,
when the city came alive
with ways to harm myself.
trains & buses & windows
suddenly dangerous. i called
my homie a few blocks away.
they held my hand
all the way to my apartment.
oh god, i praise this touch—
untranslatable,
which is how i know it's holy.

Haram

forgive us god—we learn the sacred
just to defile it. when a shorty
put it on me during Ginuwine's "Pony,"
my homies mouthed "Mashallah."
we were kin. connected by faith
in no god, but our love for each other.

Healing

we want to be done—
to take the test
& forget the material—
lord, after my last big breakup,
holding my own hand from meal to meal.
all of it tasted the same. tacos & cake.
i had to force myself to eat. to drink
water. the sunlight insulting me
with its insistence. i was learning
something about showing up. everywhere
i walked happy couples held hands.
what was it that i desired?
for the pain to dissolve like sugar?
for someone else to hold my hand?
for the burden of loving me
to be given to someone else?

More, Please

applause. applause. Nicole asks me what am i trying to love
about myself. which self? in rom-coms, revelation is a sunrise.
in the bible, it's a flood. i told Erika i was a plant. sunlight
& water. water & sunlight. when my parents got sick
with covid i loved nothing. least of all myself. eight hundred miles away
doing what? being an artist? applause. sunlight filtered
through windows. the flood was a metaphor. i couldn't sleep
when my dad was breathing through a machine. i couldn't swim.
the flood was in my living room. in my bedroom. so blue
only i could see it. that self drowned & another self took notes.
it was spring in America. the birds didn't care about a pandemic.
they were hungry. they were thirsty. in suffering, i was quiet.
blue lipped. water eyed. sunrise. my drowned self tipped the water
out of his ear. he ate oatmeal & prepared to drown all over again.

Two Truths & a Lie

the first thing i see when i look at myself is my belly.
belly greeting strangers with its round hellos.
hello is the first word i learned in English.

in English there is no word for feo.
feo is how i feel—even in love.
my love calls me fine & guapo, & the mirror says belly,

belly, belly, belly, belly, belly, belly—
belly, is there no chance for peace between you & i?
i dream of abs. abs on bicycles. abs dotting the night sky.

sky filled with cotton candy clouds—my tongue writes my
    images.
imagine one slice of red velvet cake. then, imagine another.
another dream is the one where i get stuck in an elevator.

elevator as metaphor for self-love. maybe i should take the
    stairs.
stairs like in that famous painting: i go up
& up, but end up downer than down.

V

RECEDING

Pedro Gets Asked About His Big Brother

you want to know about josé?
he doesn't talk to me. he doesn't talk
to anyone really. always talking
about what everyone else has. who's
everyone else? he doesn't talk though.
isn't that a condition or something?
when everyone else's life looks so perfect,
& you look at your own family—& all you see
is the cilantro stuck in their teeth.
what's that called? republicanism?
post american border hopping delusions?
poverty? what's it called? when the mirror
looks uglier than the tv? white supremacy?
something like that. whatever it is,
my brother got it bad.

Happening Sonnet

here's how it happened: it happened. because happening
is happenstance meaning luck or unluck, happening isn't
enough,
isn't evidence, evidence here being something evident
to all white bodied people. since people is subjective
& cal city rocked with the folks anyway, i'll take a life
as a plant. a succulent sucking up sunlight from a sill.
still mfs wanna bother me. ask me about assimilation.
here are the answers you've been waiting for. pay attention.
pay my retainer. pay my booking fee. it's not free
until my folks is free. & the peoples too. i want a million
degrees
for all the third degree i get when i fly international.
when i pull up at customs on the american side & the border
official says so you're from america huh? you sure?
i'm not. they made a mistake. apologies sir. i'm from
Chicago.

Authenticity

here goes an authentic chicano love poem:

one of my college crushes used to eat hot Cheetos
so smooth, she never got red dust on her fingers.

Loyalty

i was loyal to my hair until it started receding.
i was loyal to chicago fitted hats.
i was loyal to chicago, but i still moved away.
i was loyal to chicago fitted hats until i shaved my head.
i was loyal to my baldness except when i was lazy.
i was loyal to my laziness especially during the pandemic.
it's self-care, i said. i said, i'm being loyal to myself.
except my self-care started to look suspiciously
like self-neglect. the balding angel on my shoulder
said what's the difference? sugar is loyal
to the heart. that's what makes it dangerous.

Poem Where I Learn to Eat Escargot

i don't know why it's so hard
for me to accept joy: the butters
pooling on the plate like silk
remind me of the polyester coats
i wore all winter. puffy & cheap,
it looked like the coat was eating me.

in Paris, we drink wine. the French mock
me for drinking Hennessy. there are better
cognacs, they say, & i want to answer
with the names of my homies: how i keep
a bottle of Henn in case they decide to visit.
of course, i mean my dead, too.

the coat came from the Catholic church
in the neighborhood. they gave gifts
to the needy every Christmas. one thing
we wanted & one thing we needed.
when my brothers & i asked for video games,
the church gave us books. we were too poor
to want what we wanted.

Some Words Look Nice
Until You Try Them On

the children at the poor
school were given encouraging posters.
they were given uplifting talks.
empowerment seminars.
(they were not given money.)
dear god, i'll never understand
how some people meet
a drowning person & offer
INSPIRATIONAL advice
instead of offering a hand or rope.

Wherever I'm at That Land Is Chicago

forgive my geography, it's true i'm obsessed
with maps. with flags. a Starbucks on the block
means migration. any restaurant with bulletproof glass
is a homecoming. underneath my gym shoes
is a trail of salt. that last sentence is a test.
does the poet mean:
(a) grief
(b) winter
(c) diaspora
(d) this is the wrong question
(e) all of the above
i'm always out south
of somewhere. i know the sun rises
in Lake Michigan & sets out west.
i got primos i've never met. there's a word
for that. (where did they go?) all the steel mills shuttering up
like conquered forts. one day, there will be an urban tour
through South Chicago. picture the soy cappuccino–
sipping cool kids wearing Chicago Over Everything–
branded hoodies taking selfies in front of machines
that once breathed fire. pretending the bones
are the real thing.

VI

OJALÁ OJALÁ OJALÁ

Nate Calls Me Soft

if we were better at being honest
maybe it wouldn't take a bottle
of something strong to make us talk
straight. straight edge as we used
to be driving around in that old
Toyota Tercel from open mic to open mic.
if i confess that the memory alone
makes the corner of my eye itch,
would you call me soft? Nate says yes.
Bee says duh. Adam says you were
the softest. My therapist says, let's talk
about your parents. My brothers
say, if all you're gonna do is talk,
then pass the blunt. Mexican Jesús
says nothing. Mercury is in reggaetón:
do the stars only talk to women? tonight,
the stars are hidden by the brash lights
of the city & i want to say my friends
can see my softness through all the jokes
i crack, but maybe i don't need the stars
to be tender. maybe the next time i see you,
i'll slap away the dap, pull you in close,
& tell you under the ordinary streetlights
how much i love you.

& that you still ain't shit.

Love Poem (feat. Chani Nicholas)

tonight is a new moon & Chani fills my head:
Holding back will only keep you in the same place.
is that my horoscope or yours? on FaceTime,
you pull your t-shirt over your face, push your nose
flat like a button. i used to imagine love
was a thick syrup i could coat over my life until
even the sadness was sweet enough to swallow.
my love, i suck in my stomach & hate
myself when i order chocolate chip pancakes. i am sad
a lot & love you the most. *Who in your life teaches you*
how to say yes to your well-being and, by extension, your joy?
i turn to the stars for answers. soon, you & i will live
    together
& what will love be then? i've lived long enough
to know sadness leaves & returns & leaves again.
i kiss your nose. i count my breaths on your neck
while you sleep.

All the Names We Say Because We Don't Say Love

motherfucker
this dude
let me hold a dollar
homie
bro
qué pasa
qué onda
quiúbole
bald-headed ass
what's good
cuz
blood
ugly
ugly ass
broke boy
bruh
fam
ole sensitive ass
motherfucker
this guy
my guy
my brother
hermano

Cal City Love Poem

with a nod to Willie Perdomo

since they closed the movie theater,
there aren't too many date spots left,
but we can make our own popcorn—
microwave fresh & sit in the basement

with my brothers while they crack jokes
& smoke weed. i can't promise much
for the jokes, but the weed will have you singing
falsetto. this is all the romance i have to offer.

i'm sorry my love doesn't glitter
in the sun or appreciate in a bank.
all i can promise is my brothers
will share their weed & make fun of you.

my mom will feed you
like your belly is my own. my cousin
is the sneaker plug. he can't offer
any discounts though. all my love misfits

into a basement where i promise
the door is always open. it's nothing
& everything i have—what i swear on
when i swear on everything i love:

you're the one
        i love the most.

Most

the most Mexican thing about me
is i drink with men
who don't say anything
about how they're feeling
until we're drunk & almost crying.

Mercedes Says She Prefers the Word "Discoteca" to the Word "Club"

give me words that sing.
ojalá is three chickens laying brown eggs. hope
has its own music, but it's missing an accordion.
my friends are up to their usual shenanigans:
drinking good wine & being sad. my friends
don't get into trouble. trouble wears sombreros
& calls it a costume. my friends are traviesos
y malcriados y sinvergüenzas. let me translate:
DJ Ca$h Era is making the walls sweat. slow jams
crawl through the speakers & our hips move
like someone spilled syrup over the night.
Mercedes is right. i'm always down
to go to the discoteca. a word that spins on the tongue
like a disco ball. keep your clubs. cops carry clubs
& in this poem there are no police.
someone spilled syrup over the night. it was us.
the moon is a chicken singing ojalá ojalá ojalá.

February & My Love Is in Another State

so when i walk down the street, i hold hands
with the wind. there's a chimney coughing
up ahead & a sky so honey, i could almost taste it.
a cat struts away from me & two yellow eyes

become four: just like that,
i'm the loneliest creature on this block.
soon the streetlights will come alive
& television sets will light up with blues.

stay with me. while the sky is still golden,
hold the ladder so i can climb, & from
the highest rung, i can scrape away a drizzle
of light to wear around my neck. alone

is the star i follow. in love & in solitude:
alone is the home with the warmest glow.

Ugly

i'm done with beauty. the rich
can have it. done trying to imitate.
their laser-printed faces. what do i know
of beauty, but my brother's lip-only smiles.

he started smiling with his whole mouth
once he got his teeth fixed. the joke's on him:
he's still ugly. apologies for all the eyes
i've wounded with my bald head & unibrow.

i know i'm ugly like pigeons on street corners.
refusing to die. maybe peacocks are prettier,
but i've never seen one in real life. out here,
we wear the fuck out of our common feathers.

ugly like my brother. ugly like my daddy. ugly
like laughing with your whole face & never apologizing.

VII

GOD

Origin Story

the way my mom tells it, my dad was the most handsome.
the way my dad tells it, my dad was the most handsome.
one of those boy-man philosophers i kicked it with
gave me the following advice: no relationship
works between man & woman unless the man
is more yoked. there's more. my mom says
my dad used to throw rocks at her window
to get her attention. remember this was before
cellphones. you couldn't text your crush an emoji.
pedro y maria didn't even have telephones to argue
over who would hang up first. in this story, the boy
who is the most handsome boy is a beggar. my dad
doesn't tell this story which means it's true. amor,
ask my mom & she'll tell you: the most romantic words are
"por favor, por favor."

In Calumet City

we emerged with wood teeth.
fake marble. we fumbled our jumbled masses
to the steel mills. if our parents knew

we were already ruined, carrying
outdated machinery, maybe
they wouldn't have sealed us in metal.

underneath our suburban lawns
the dirt was dead. maggot mouths
hugged up waiting for a feast

named us. fated. what could we do
but grow hearts on top of our hearts?
to blow kisses at the worms

licking their lips at us? to delay
the grave by one more day?
then one more day after that.

Now I'm Bologna

my parents were born from a car. they climbed out
& kissed the car on its cheek. my grandmother.
to be a first-generation person. 23andMe reports
i am a descendant of pistons & drive trains. 33 percent
irrigation tools. you are what you do. my first job
was in a lunch meat factory. now i'm bologna.
it's not so bad being a person. the front seat of a car
is more comfortable than the trunk. when they were babies
my parents dreamed of being Lamborghinis. not
people. you are what your children grow up to do.
if i put my parents' names on papers, what happens?
the answer is no comment. the answer is quién sabe.
the answer is yo no sé, pero no es abogado.
people are overrated. give me avocados.

My Sociology

remembering from my desk, i want
to lighten my dad's shadow. make
him neat the way my sociology
textbooks describe the working class:
overworked, anxious, & tired.
language, like vision, gets blurry
at a distance. let me bring you closer—
when we heard my dad rip open bills,
we knew to stay in our room. if
my dad was angry at his bosses, we
didn't know. there were no bosses
in our house, only us listening
to envelopes being ripped & waiting.

No Time to Wait

kneeling in the pews, my parents prayed
to the statue of Christ for protection.

we were new to Chicago. we were new
to the United States. alone you might think,

but it wasn't just Christ in that church.
there was the Mexican family that housed us.

the Mexican family that connected us
with immigration lawyers. the Mexican family

that got my dad a job. the Mexican family
that invited us to birthday parties. the Mexican family

that showed us how to make calls back to México.
there was the Mexican family gossiping behind

our backs. alone? my parents couldn't drink a beer
without someone's primo asking for a sip.

kneeling in that church, there was salvation everywhere.
give Christ the credit if you want, but he never did

whisper the winning lottery numbers in our ears.
in that church there was a priest offering salvation later

& there were Mexicans with no time to wait.

Mercedes Says Hyacinths Look Like Little Fireworks Shows

where i grew up we drew flowers as circles
with repeating oval petals. what did we know of pistils,
but the pop of toy guns? we knew the names
of all the fireworks: roman candles, sparklers,
rockets, & fountains. we leapt away from lit
fireworks. we pointed at the sky as our hands
made hyacinths, made lilies out of the night.
nevertheless, i'll never forget the day an old love
brushed a flower gently over my face before kissing me—
more than water! more than air!
i needed to know the name of that flower.

Miracle

after the Social Experiment

miracle miracle i say it when my lover wakes up
when she touches my hand it's a miracle
my homies text it's a miracle they call they don't
miracle miracle the wind scratches their scalp
moonlight flirts with them miracle i know
somebody already rolled their eyes i know
there's too many miracles in this poem
five hundred thousand dead from coronavirus
agree with you i know we live against miracles
we burn the dead we try to contain our grief
like children trying to keep a butterfly alive
in a sealed jar miracle we are alive miracle
our dead still visit miracle mi tío Rodrigo
adds his whiskered heart to Chente's gritos
miracle i remember
the first miracle i learned was Jesus
turning water to wine miracle we agree
so all the grapes turned to wine miracles
all the hands that pick the grapes miracle
every touch miracle
we are here too briefly
to ignore the miracle of touch
how when my lover touches me
my body turns into something like wine

Ruben's Poem

for my brother

drunk than a mog/ gone off the gone/ Pacífico in his right hand/ vape pen in his left/ leaning like a crooked painting/ my brother/ i used to powerbomb him/ onto his bed/ before warming up his lunch/ my brother/ starts leaning with it/ & rocking with it/ though there's no snap/ music playing/ though we're a decade past/ though our baby cousins/ weren't even born/ when Lil Jon was out here/ soundtracking their parents' first dates/ my brother/ isn't just shimmying/ he's really dancing/ throwing it way up/ pausing/ before catching it/ a moment before it hits the floor/ & i think/ so this is what it's like to live/ long enough to love/ your family/ to forgive all the fights/ i could spend the rest of my life/ saying sorry/ for not knowing /how to love you/ as a kid/ young & stupid/ i was/ & sometimes still am/ i'm sorry/ i promise/ to dance next to you/ though our cousins/ will clown us/ rightfully/ washed up/ as we are/ slightly off beat/ as usual/ my brother/ when you throw it up/ i'll lean with you/ i'll snap my fingers with you/ with you/ my brother/ my

VIII

BEFORE MONDAY ARRIVES LIKE A FIST

Ars Poetica

Migration is derived from the word "migrate," which is a verb defined by *Merriam-Webster* as "to move from one country, place, or locality to another." Plot twist: migration never ends. My parents moved from Jalisco, México, to Chicago in 1987. They were dislocated from México by capitalism, & they arrived in Chicago just in time to be dislocated by capitalism. Question: is migration possible if there is no "other" land to arrive in. My work: to imagine. My family started migrating in 1987 & they never stopped. I was born mid-migration. I've made my home in that motion. Let me try again: I tried to become American, but America is toxic. I tried to become Mexican, but México is toxic. My work: to do more than reproduce the toxic stories I inherited & learned. In other words: just because it is art doesn't mean it is inherently nonviolent. My work: to write poems that make my people feel safe, seen, or otherwise loved. My work: to make my enemies feel afraid, angry, or otherwise ignored. My people: my people. My enemies: capitalism. Susan Sontag: "victims are interested in the representation of their own sufferings." Remix: survivors are interested in the representation of their own survival. My work: survival. Question: Why poems? Answer: [redacted].

Eviction Notice

(there is no poem
~~that can unlock the door~~
to my childhood home.)

Moonshine

the poets are right about moonlight.
because it's all i have,
i take my spot of sky & deposit it
into a savings account. the bank insists
my blues are safe with them. only
after the bank confiscated our house
did i understand. roses
don't grow without pricked hands.
i didn't have to spend a summer in a freezer
packing lunch meat to know the value
of sunlight. my mom didn't have
to spend a decade wiping down floors to appreciate
education. when i give you a bouquet of roses,
i give you a bouquet of bloody hands.
a handful of dirt & the worms that doted on your roses.
when i take my piece of sky out of the bank, it's smaller.
the drunks are right about moonshine.

Llorar

we come from a people who dance
to the saddest songs.
when my dad was laid off
he didn't complain or cry.
i remember finding him
in the living room
moving his feet to all the words
he couldn't say.

United Enemies

after Thomas Schütte

those ramen noodle days, it wasn't noodles
that kept me alive. those microwave days,
i clung to hunger. hunger like clay—

i molded it. hunger, you might imagine,
in the style of rappers. but what i shaped
wasn't made in the image of riches.

that american dream died in the home
my parents lost to foreclosure. its corpse
is still rotting in my old bedroom

underneath the posters of Biggie.
the hunger that fed me crawled
through the block in a lemon-yellow Benz.

what's dead returns & always uglier.
the hunger i fed skimmed the grease
off my soup. it survived on the salt

of my seasoning packets. twin of my ugliest truth:
that what i wanted more than gold on my chest,
more than i wanted my loved ones to live

without rent or debt hanging over their necks—
what i wanted more than anything (god, forgive
my ugliness) was to shove boiling-hot bowls

of instant noodles down the throats of the rich.
those ramen noodle days, i ate with two mouths—
my rage slurping happily what my belly wouldn't touch.

Harlem Snapshot

two men pose in front of a building
they helped build. both
in their safety vests. neon orange
like the color of the sky
when the sun is clocking out.

FAQ

underneath all my poems
is a boy with a bowl cut courtesy
of his father. there are fathers
in all of my poems which means
there are mustaches. thick black mustaches
that scratch during kisses. there are kisses
in all my poems. Hershey's Kisses in my coat
pocket. lint, free lunch card, & an empty wallet
in my other pocket. shit. at least
there are pockets in my poem.
the sister i don't have complains about dresses
with no pockets. what a pain! there is pain
in my life, but i board up the doors of my poems.
like weeds, all my hurts weave their way up the walls
of my poems. shit! there are no walls in my poems.
on some Mexican shit: no walls & no borders
& no parents sneaking across a river. there's a lake
in all my poems. the lake is Michigan. the boy
swims in the lake. there's a boy in every poem
with a bowl cut & a middle finger
in response to all your questions.

Sunday Love

this life gives us only so many hours
to share & how we share, i worry,
is wasteful—Sunday night & the tv on,
so we don't look at each other.
on screen some reality tv stars
threaten to choke each other out.
my love, we are bad television,
happy as we are to hold hands
& eat greasy pizza together
during these small breaths
before Monday arrives like a fist.

IX

GLORY

Between Us & Liberation

shit
forget liberation
could i get a glass of water
without lead in it?

Escargot

tell me a story of dirt
& drizzle it in butter. to make the mouth
quiver. dear snail, we used to share
the same dirt. (i promised to keep it real.
to remember where i came from.) i mean
the dirt: digging holes until the worms
asked what all the commotion was about.
dear snail: meeting you now, in Paris,
you're unrecognizable until you're not.
you have a luxury name someone teaches me
to pronounce. now, i understand the look
admissions officers gave me as a teenager
when i showed up to interviews in my too-big suit.
calumet city & my parents & all my homies
seasoning my stories. it wasn't respect
in their eyes, it was hunger.

Eating Taco Bell with Mexicans

the day i introduce Erika to my brothers
i warn her: my brothers are extra Mexican.
what does that mean, she asks.
i repeat: extra Mexican.

when we hang out, they talk to her in English,
& ask her how she can love someone as ugly as me—
do you have bad breath? are your teeth fake?
what's wrong with you? why do you love our brother?

they laugh in Spanish at their own jokes.

they play Mario Kart & sing along to Bad Bunny.
they say they're broke & blame capitalism.
they say they're single & blame capitalism.
they say they're in love & blame capitalism.

they ask Erika if she's hungry & tell her she's in luck.
Erika nods. she kisses me on the cheek in a language
that needs no translation. she points at me
& says he's the lucky one. my brothers laugh

because she speaks their language of dumb jokes.
they promise to take her to the bomb Mexican spot—
the Mexican spot Mexicans try to keep
a community secret. then, they take her to Taco Bell.

Maybe God Is Mexican

there were always fifteen crema tubs in our fridge
& none had crema. somehow,
my mom always knew which one had guacamole
& which one had salsa roja
& which one had the leftover frijoles.

dear god, every year we prayed for more money.
i want to imagine that those prayers
were like the crema tubs in our fridge—
maybe god is Mexican after all—
we never got money in our money prayers.

what we got was more crema tubs. some with
bistec & some with nopales. some cut-up fruit
if it was summer. maybe we should have been grateful
for prayers we could eat, or maybe god
should stop cracking jokes all the time.

It's True

after Thomas, Orchard Villa Elementary, fourth grade

god blessed me with a mouth too
though my mom would argue
it's only a blessing in prayer. dear god,
when i say protect my family, do you
only hear the small sounds of forks rattling,
chickens squabbling before they get skinned
& shipped to my local market? dear god,
if i could hear what you hear, would i
use my mouth more carefully,
or would i—chef's kiss—salt the air
with all of my dangerous wants?

Despecho Hour at the Casa Azul Restaurante y Cantina

for Aracely

"despecho" rhymes with "espejo"—
translation: my sibs could be
my twins if
they weren't so feos.
remix: if i weren't so ugly
i wouldn't look so much like mis hermanos.

let me try again:
this one goes out to my fam
posted at the bar pouring shots
until the ceiling falls apart & reveals
the moon. i'm sorry to break
the news: you can sing all you want,
comadre, you can get Chente himself
to sing on your behalf   she's gone.
translation: all that's left to do
llorar y llorar.

one more time
for those who haven't caught on:
it's that time of night where all you have
is your biggest ache & all its nicknames.
our bartender is from Guatemala.
he tells us Spanish is his second language.
his first language is Ixil.
in the entire state of Iowa

how many people speak Ixil?
question:
is despecho the music he plays
when he cleans the drunks up from the bar
& is despecho what it sounds like
when you cross one strange country
just to land in another & discover
all your words for love are strange & unfamiliar?

Hopeful Cal City Poem

dear god, i'm trying to write against despair,
but the best i can write is that despair is boring.
every Hollywood flick is enamored with the end—
Will Smith & Sofía Vergara walking slow motion
in a world of rubble. apocalypse now apocalypse
tomorrow. who decided slow motion was more dramatic?
in calumet city, apocalypse was slow until it wasn't.
the steel mills open until they weren't. the banks salivating
over our homes before we understood the documents.
bye bye house i grew up in. note to Hollywood:
endings are fucking boring. this is what it looks like:
a whole lot of paperwork. a yawner of devastation.
if i only moved based on facts, i would have given up
to the soil by now. i would have never been born.
i know the newspaper writes our obituary daily:
let them waste their ink on our demise:
we were never meant to survive,
but we did & so we shall.

Mexican Heaven

the mexicans said no thank you to heaven—
its endless lawns & gardens—
its mansions with infinite rooms.
sure it was heaven for some,
but who was going to clean the bathrooms?

X

GLORY

Perder

sidewalks lined with branches
flashing scarlet buds & i want
to know if it's true—my grandma

in the ground for a couple of years—
is it long enough? is it her lipstick
blushing the blooms of the trees?

or am i trying to forget
the only lesson we are required to learn:
the first loss is not the last loss

& once the losing begins
it won't stop
until it has taken everything.

Inspiration

the year's first cherry blossoms
are just trying to catch some sun
& here you go, poet, making grand
proclamations about the cycle of life,
saying some wild corny mess like
NATURE IS HEALING—
nature took a mental health day
just like you. winter is long
& humans aren't the only creatures
that suffer from loneliness.

I Walk into the Ocean

& wear the water.
praise the dress that ripples
down the body in waves & lets you carry
the ocean around your waist. why
praise a dress i could never afford?
a lover once called me beautiful
& kissed me so gently you could plant
seeds. we used to sit by the ocean & talk
until the water was clear enough
to see our true selves.

Roses & Lilies

the flowers already drooping
in a bloom that can't last.
what's pretty is temporary,
but so is ugliness.
it's important to remember
flowers that crumple
don't undo the bloom.

in my heart, i water the roses.
i water the lilies. like a game
of Whac-A-Mole trying to stay alive.
it's winter & i'm not talking about outside.

Justice Is for the Living

the dead can't get justice,
like they can't wake up anymore,
can't kiss their daughters or pin a lover
to a wall. can't pin or pine or opine
or palm a basketball. the dead
don't get justice. the dead
don't get. the dead are done giving.
still the living ask. for blessings. for justice.
the living clap in jubilation. they dance,
but the dead can't join. the living imagine
the dead are pleased with our work. our fight.
but the dead know what the living forget:
the only pleasure that exists on our planet
is the pleasure of one more breath.

Mexican Heaven

forget heaven & its promises of gold—
everything we make on this planet
has one purpose. every poem, every act
of photosynthesis, every protest. if heaven
is real, then its gates are closed to us. maybe
heaven is just a museum of all the life
we have extincted. we are death
machines building death machines. in life
we are useless to stop death. in death, we arrive
at god's house—only to find god torturing dolls.
we wanted to be made in god's image—we imagined
gold & not the melting that gold requires.

XI

GLORY

No More Sad Mexicans

where are all the Mexicans who aren't going to heaven?

tell them to bring their Dickies & their slides & their rosary beads & all their heartbreak & all their primos y primas y primxs. tell them to leave their flags & bring a six-pack or something to throw on the grill.

all the sad Mexicans are at work making us proud. they're washing dishes or driving trucks cross country or talking shit at a construction site. (what about the Mexicans who work as police officers?) (fuck those Mexicans.)

apologies to all of the sad Mexicans i know & all of the sad Mexicans i've been. but i can't write another poem where we show up to work at the steel mill for twenty years straight with no days off just to get laid off on a Wednesday by a man with more mustache than face.

this one is for my homie Josefo who never plays a song made after 1988. tell that foo Javier he can come, but if he gets kicked out of the bar, he's on his own. tell Danny he's not allowed to talk about capitalism for twenty-four hours. even my mom is playing flip cup & taking shots. tell god they're invited, but only if they drop the self-righteousness. we get it already. you brought us into this world & whatever homie. we hired a taquero for the next few hours & i promise his tacos de asada are the best tacos south of Sibley Blvd. if you don't

know where Sibley is, tell Nate & Eve to give you their tour of the South Side beginning with Cal City.

Taron hit my line & told me all the Cal City homies are tired of reading poems where we get our homes foreclosed. Taron said, tell them about the night we drank Incredible Hulks in a basement bar in Hammond & danced & sweat until the sun cussed us out.

i keep writing poems that begin with the wilting.

that live in the wilting.

erasing the bloom.

this one is for the day we survived. this is for the darkness we turned into a dance floor. this is for all the sadness we carried & the homies that helped us carry it. the carrying only gets heavier. therefore: the law of physics requires us to love more. celebrate louder.

you know the joke about Mexicans crying? (what's that?)

how do you know when a Mexican is about to cry? (how?)

when they crack a joke. (haha.)

Mexican Heaven

when my uncle got to heaven
he texted me & told me the party was boring.
no mariachi or dancing. tuxedos & gowns.
hips like rusty hinges. ***what about La Chona?***
stiff as La Llorona. he promised it was okay though.
his homies were stealing liquor from behind the bar.
my grandma had Tupperware full of food hidden
in her wings. they were ditching heaven.
said they died & still had to migrate haha.
no te agüites, Lupito. we found a spot between
heaven & hell. Gloria Anzaldua is there
praising Nepantla haha. Pedro Pietri said stop
ripping off his poems. he said he's joking haha.
look mijo, we found a spot where we can be
beautiful. wait. tu Papá Miguel said
we have always been beautiful. he said,
you're not the only poet in the family. haha.

Another Harlem Poem

the birds are back to yapping. one year
into this newest pandemic & i recall
how the silence in Harlem startled me.
gone were the dice players. gone

were the brunch parties at Angel of Harlem.
gone the chatter of schoolchildren.
for weeks (was it months?)
the only sounds i heard

from my window were sirens & birds.
oh god, i pray for more birds this spring.

Ojalá: Self-Love

oldies on the speaker
& my love asleep on the couch.
all my uncles rise from their graves
or from basement bars—
all those years they used to sing
the saddest songs:
it wasn't a mourning.
it was a cleansing.

Down to My Elbows

ending on a line by Shakespeare

hands in a sink
down to my elbows
clogged with gray water
wet rice soggy cornflakes
in the other room
you read Twitter & text
me your favorite jokes

so this is love
i ask the fistful of nasty gunk
in my hand like
it's a Shakespearean skull
& the skull says
there is nothing either good or bad
but loving makes it so

Rebuttal

(by Erika Stallings, after José Olivarez)

The sounds of NBA 2K drift into my office
and I hear you say "Play some defense bro.
What are you doing?"
People say love is a fancy dinner, diamonds, and lingerie
but this too is love.

Shelter Island

frigid are the branches of black trees cutting through
a blacker night. missing are the lampposts that adorn
every few feet of New York. cold is your hand in my hand
& yes, i am a man, & you are a woman. my wilderness
is not unlike the woods that surround us. the sky in my wild
lit by lanterns in the faces of animals. my own flammable face.
my father's temperament. my thrifted excuse. yes,
it's the night before 45 is sworn in as president,
& yes, we leave the city, & we would leave the planet, too.
you hold my hand & we walk into the teeth of the hour
armed with each other. bitter cold is the world we leave behind.
when we hold hands, we invent a spaceship.

Let's Get Married

for Alison & Nate, on the occasion of their wedding,
& always for Erika

let's get married on a Tuesday
with a six-piece from Harold's as our witness.
let's get married at noon & then again at three-thirty
when the school day lets out & a whole block
of dandelions flower our ceremony. let's
get married under a full moon & then again
under a new moon, so every celestial being
can witness our vows. love, one wedding
isn't enough for me. i want to propose
again & again. on a Wednesday because
you did the dishes. on a Thursday because
we woke up next to each other again. say yes.
say less. i'll be on one knee asking you
to share in the delight of knowing each other.
let's get married because Chicago. because
St. Louis is a city on a map. because your name
is my favorite word. let's get married because
there are vows we can only make in the dark.
because we don't need a witness to say i do.
let's get married because it's raining
& that's supposed to be good luck. mi amor,
mi cielo, mi vida, let's get married
in every language we can & can't speak.
under every god. my god, the way you look
at me is a miracle i believe in. because

we get one life. one. say yes. then, say yes
again. let's get married after we get married
because underneath every word i write
there is one word i carve into every desk.
one word i tag onto every building on every block
of my heart. marry me: make me (no, not complete),
but a little more alive than i've ever been.

Related: The Sky Is Dope

(by Pedro Olivarez, via text message to José Olivarez)

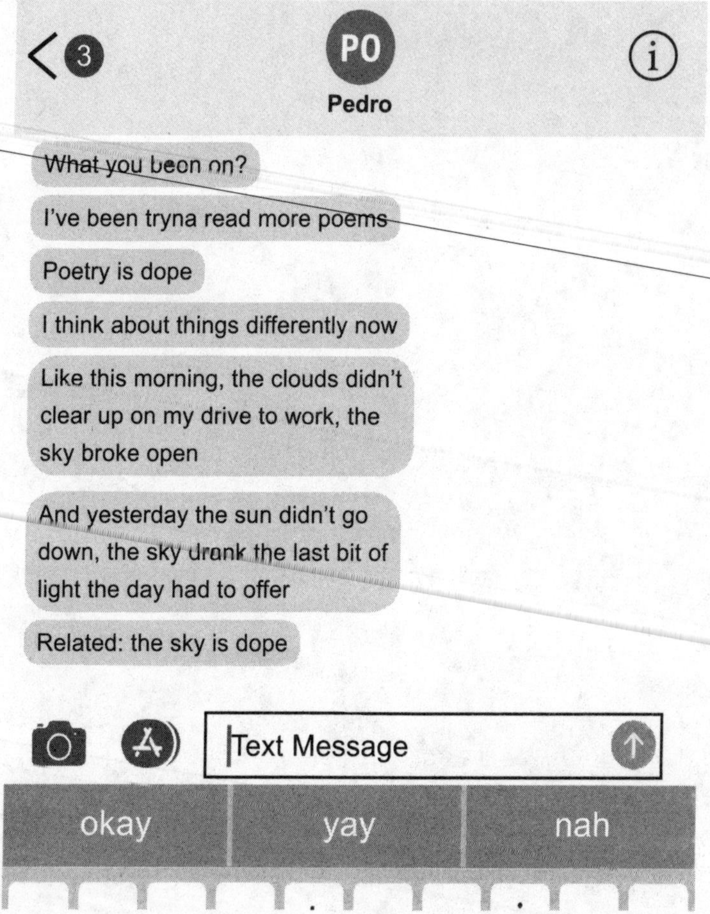

ACKNOWLEDGMENTS

If you made it this far, & you're still here, thank you. Thank you for reading & sharing. Poetry is communal. I might start the poem, but you finish it. Wherever you are, thank you.

Gracias to my mom, Maria Olivarez Plascencia, & my dad, Pedro Olivarez. You make all this possible. Shout out my brothers: Pedro Olivarez, Jr., Ruben Olivarez, & Daniel Olivarez. Y'all are hilarious & kind, & I'm blessed to be related to you.

Thank you to all my friends & homies. Shout out to Calumet City. Shout out to Chicago. Gratitude, in particular, to Nate Marshall, Eve Ewing, Fatimah Asghar, Diamond Sharp, Javier Zamora, Joseph Rios, Britteney Black Rose Kapri, Raych Jackson, Julissa Arce, Cortney Lamar Charleston, Ruani Ribe, Lamar Appiagyei-Smith, Araba Appiagyei-Smith, Eloisa Amezcua, Alison Rollins, Sentrock, & Ydalmi Noriega. Shout out the Bucket Boyz. Shout out all the poets whose words & friendship inspire me. Shout out to all the basketball writers whose words & podcasts keep me company on road trips. Shout out all my cousins. Thank you to the Haymarket editorial board. I'm so lucky to get to work with you & sit in

your genius from time to time. Your names are engraved in my heart.

Thank you to my wonderful & brilliant agents: Aemilia Phillips & Mackenzie Brady Watson. Thank you to Retha Powers, Natalia Ruiz, Clarissa Long, Arriel Vinson, Laura Flavin, & everyone at Henry Holt and Company for believing in my writing & taking this leap of faith with me. Thank you to Elishia Merricks & everyone at Macmillan Audio. For you, all the flowers.

Thank you, David Ruano González, for your translations & collaboration. Hermano, para ti no tengo palabras. Eres el mero mero. Colaborar contigo es un gusto. Gracias por estar conmigo a cada paso.

Gratitude again to the following visionaries who helped me shape this book from early drafts: Nate Marshall, Yumiko Gonzalez Rios, Eloisa Amezcua, Nicole Counts, Aemilia Phillips, & Mackenzie Brady Watson.

All my love to Kate Baer, Nate Marshall, Javier Zamora, Shea Serrano, & Fatimah Asghar for offering words of praise for *Promises of Gold*. All of you are heroes of mine. It means the world to me that you are a part of this.

Thank you to all the institutions who supported my writing the last few years: the Poetry Foundation, the American Program Bureau, & Costura Creative. Thank you to all the schools, community centers, & businesses that have brought me in to perform, teach, & write.

Erika Stallings: mi amor, mi vida, mi corazón. I'll spend the rest of my life writing & rewriting love poems for you. You make every day joyful. You make every day radiant. I love you.

Acknowledgments

Thank you to the editors of the following publications for publishing these poems in earlier forms:

Teen Vogue: "Tradition"

The Atlantic: "Ode to Tortillas"

Poetry: "Nation of Domination," "Wherever I'm at That Land Is Chicago," "February & My Love Is in Another State," "Ars Poetica," "Moonshine," "Despecho Hour at the Casa Azul Restaurante y Cantina," "Shelter Island"

Specter Magazine: "Bulls vs. Suns, 1993"

The Quarantine Times: "It's Only Day Whatever of the Quarantine & I'm Already Daydreaming About Robbing Rich People"

WordSmiths Vol. 4: "Canelo Álvarez Is the Champ"

Poets.org's *Poem-A-Day*: "Poem Where No One Is Deported," "Now I'm Bologna"

Chicago Reader: "Mercedes Says She Prefers the Word 'Discoteca' to the Word 'Club'"

Museum of Modern Art Magazine: "United Enemies"

Underbelly: "Perder"

The Wall Street Journal: "I Walk into the Ocean"

Huizache: "Poetry Is Not Therapy," "No More Sad Mexicans"

The Rumpus: "Upward Mobility"

This is for Calumet City & everybody who has ever shopped at River Oaks Mall.

ABOUT THE AUTHOR

José Olivarez is the son of Mexican immigrants. His debut book of poems, *Citizen Illegal*, was a finalist for the PEN/Jean Stein Award and a winner of the 2018 Chicago Review of Books Poetry Prize. It was named a top book of 2018 by the *Adroit Journal*, NPR, and the New York Public Library. Along with Felicia Chavez and Willie Perdomo, he coedited the poetry anthology *The BreakBeat Poets Vol. 4: LatiNext*. He cohosts the poetry podcast *The Poetry Gods*.

ABOUT THE TRANSLATOR

David Ruano González is a Mexican poet, translator, and cultural manager based in Mexico City. He was a poetry fellow at the Foundation for Mexican Literature (2014–2015). In 2019, he founded Melancholy of Forgotten Tapes, an independent label/publishing company that publishes poetry books accompanied by sound elements in cassette form and whose first project was *Mixtape*, of his own authorship. Ruano is currently part of MAKE's Lit & Luz Festival organization and publishes his own translations on his personal blog medoriorules .medium.com.